幻の講話

第一巻

人生二度なし

森信三

致知出版社

序

ここに公にする一連の叢書は、その書名とともに、まことに奇しき成立の由来をもつといってよい。それというのも、この書のなかの講師は、拙著「隠者の幻」の中の最年少として、しかも最俊秀者だった人であるが、いまだ人生の半ばにも達せぬ以前に、突如として先師が深山に、永遠にその蹤跡《しょうせき》を没せられるや、その後十年の歳月を、文字どおり捨身求道のはて、齢《よわい》不惑に達して、ついに先師の道統の骨髄に参じ、爾来、隠遁以前の先師の足跡をたずねて、あまねく全国各地の同志の間をへめぐりつつ、弘法《ぐほう》のために寧日なき日々を送っている人である。

然るにたまたま道縁のよしみにより、かねて辱知の親しい間柄にある中学・高校併設の某校長の懇請を容れ、倫理・社会及び道徳教育の時間をさいて、週一回生徒たちのために講話せられることとなったのである。同時に氏を敬慕する同校の青年教師数名と、生徒の有志との協力により、その筆録を編集して成ったものであり、過般その披閲を求められたのである。

そこで繙いてみるに、そこに述べられている思想は、根本的には、いずれも先師の精神に他ならぬが、ただ講話の対象が現在の中・高校生であるところからして、その表現は一見すこぶる平明・易解を主とする形態で述べられている点は、特筆に値するといえるであろう。だがその背後にたたえられている思想は、先師一代の学問と体験が、渾然一体となっていることは、ここに改めていうを要しないであろう。

人によっては、この一連の叢書を、戦前に公にしたかの「修身教授録」と、一脈相通じるものがあると思われるかも知れぬが、予もまた先師の道統の末流を汲む一人である以上、それはむしろ当然と言うべきであろう。ただ拙著「修身教授録」は、戦前の刊行であるのに対し、この書は戦後のわが国の現実を踏まえている点において、大いに異なる面もあるはずであるが、しかも人生における真実なるものは、そこに時代を超えて永遠なるものがあるはずである。

ちなみに書名については、あるいは奇異の感を抱かれる人もあるかと思うが、ここに「幻」というは、先師の面影をしのぶ唯一の書であるかの「隠者の幻」に由来するとともに、根本的には、かの聖徳太子の「世間虚仮唯仏是真」の精神にまでさかのぼるものといってよい。

不尽識

昭和四十八年四月

はしがき

一、この叢書は、もともと一貫した精神によってつらぬかれているゆえ、根本的な調子はほぼ似通っているといえましょう。

二、しかしながら、その間おのずから、巻を追って程度が少しずつ高まるように工夫したつもりです。

三、第一巻は、一おう中学の一・二年あたりを、また第二巻は同じく二・三年生辺りを念頭におきました。処どころフリガナをつけたのは、そのためです。
また第三巻は、中学から高校へかけての女生徒を対象とし、第四・五巻は中学生から高校生を対象としたつもりですが、大学前期の学生辺りまでの巾を持たせたとも言えましょう。しかしその辺の真の判定者は、著者ではなく、結局は読者の側にあることは、改めて申すまでもないことです。

目次

第一講――始めのあいさつ

校長先生が、名児耶《なごや》先生を案内してこの小講堂へ入ってこられるや、先生の道服姿がめずらしいのであろう、生徒たちの視線が一せいに先生のほうに注がれたが、やがて視線は正面に向けられた。すると校長先生は、おもむろに演壇に上がられて、一礼の後、次のようなごあいさつがあった。

「皆さん！　かねて担任の先生からお聞きのことと思いますが、今ここにおいでになられた名児耶先生に、これから一年間、週一回ずつお話をしていただくことになりました。先生のお名前は、名児耶承道先生と申し上げます。そして先生のお話は、皆さんたちが、これからリッパな人間として生きるには、一体どのように考え、また日々の生活をどんなにして行ったらよいか、というようなお話かと思います。

先生には、リッパなご本がたくさんありまして、わたくしもほとんどのご本はお読みしていますが、とにかくこういうリッパな先生に、しかも一年というながい間、毎週一回お話を聴かせていただけるということは、大へん有難いことであります。どうぞ皆さんたちも、そのつもりでしっかりお聞きして下さい。では以上をもって、ご紹介といたします」

すると名児耶先生は、校長先生と入れ代って演壇に上がられ、一礼ののち生徒たちに手であいずされて着席せられた。

わたくしは、ただ今校長先生からご紹介いただきましたように、名児耶承道と申すものであります。本校の校長先生とは、かなり久しい以前からのお知りあいの間がらであります。そのためか、一カ月ほど前に、突然四月のこの新学年からみなさん方に週一回、なにか人間の生き方というような問題について、お話をするようにとのご依頼がございました。しかしその際わたくしは、お引きうけしたものかどうかと迷ったのであります。それというのも、なるほど、これまでとてもわたくしは、皆さん方のような年ごろの人たちに、お話したことがないわけではありません。しかしそれはみな一回限りの話でありまして、二回三回とつづけて話したことさえ、ほとんどないのであります。

ところが、このたびの校長先生のご依頼では、週に一回ずつ一年間お話するようにということであります。ところが現在わたくしは、日本全国の各地を廻っていますので、はたして毎週必ず伺えるかどうか、またかりにそのほうは何とかつごうをつけるとしましても、皆さんたちのようなわかい方に向くような話が、はたして出来るかどうかと考えますと、どうも不安の念がないわけではありません。そこで、わたくしは校長先生に、「すこし考えさせて下さい」と申し上げて、その後一週間ほど考えたあげく、ついにお引き受けすることにしたのであります。

では、わたくしが、どうしてお受けする気になったかと申しますと、それは今やこの日本国及び日本民族は歴史上ひじょうに重大な時期にさしかかっていると考えるからであります。この点については、皆さんたちも、受けもちの先生や、またご両親などからも、色いろと聞かされて、ある程度ご存じかと思うのであります。

今その点を一口に申しますと、わが国は、第二次世界大戦によって徹底的に敗《やぶ》れましたが、それにもかかわらず、その後約1/4世紀たった現在では、国の生産力は飛躍的な進歩発展をとげて、現在では、その生産力は世界で二・三番目といわれるほどになっていることは、ご承知の通りであります。

しかるに他の半面を見ますと、そのためにわれわれ国民の心は、ひじょうに弛《ゆる》んで来たのであります。つまり物の面から申しますと、生産力は世界的にもめずらしいほどに発展を遂げたにもかかわらず、人びとの精神面にはひじょうな弛《ゆる》みが生じて、この点では明治維新以後百年という永い期間をかえりみましても、国民の心がこれほどゆるんだ時代はないといってよいでしょう。それ故われわれ日本国民としては、今こそ根本的に心を引きしめなければならぬ重大な時期にさしかかっていると思うのであります。

ところが幸い、このたび校長先生からのご依頼によりまして、こうしてあなた方のようなわかい方々に、わたくしの平生《へいぜい》考えている事柄を聞いて頂けるということは、今申したようなことを考えますと、大へん有難いことでありまして、考えようによれば、まったく「天」からあたえられた絶好の機会とも思うのであります。それというのも、これからのわが国は、何といっても、あなた方のような若い人びとによって支《ささ》えられ、進められてゆく他ないからであります。

こう申しますとあなた方は、「だってわれわれはまだ少年や少女で、とうてい国家の運命というようなものを支えてゆく力なんかない」と思われましょう。たしかに現在ではその通りであります。しかしながら今後十年たったらどうでしょう。あなた方はもうとっくに「成人式」がすんで、リッパな青年男女になっていられることでしょう。いわんや、今後十五年もたちますと、あなた方は、もう三十才近くにもなり、もっともたのもしい働き手になるわけでありまして、わたくしには、こうしてわたくしの眼の前にならんでいられるあなた方の姿が――シーンを一転させますと――一瞬にしてリッパなたのもしい民族の支え手になっている姿が、まざまざと心の中に浮かぶのであります。そしてそのころには、あなた方の大部分の人は、もう結婚していられることでしょう。（みんなおたがいに顔を見合わせる）

では、わたくしは、どうしてこのようなことを考えるのでしょうか。それは先ほども申したように、現在わたくしは、一年のうち半分から、年によりますと$\frac{2}{3}$ほども、全国各地を廻っていますので、わが国の現在のゆるんだ社会のありさまが、イヤというほど眼につくからであります。一つの国の真の姿というものは、ただ大都会に住んでいるだけでは分かるものではありません。わたくしも大学生のころは、都会に住んでいましたが、その後全国各地をめぐって、多くの心ある人びとにお会いし、たがいに心を打ち開けて話し合うようになって、はじめてこの「日本」という国の姿が少しずつ分かり出したのであります。

だがこう申しただけでは、まだあなた方にはピンとこないでしょうが、わたくしは北は青森県から南は九州のはてまで、大ていの県には足をふみ入れているのであります。つまり皆さんたちが地図で知っていられる地方を、わたくしは実際に歩いて知っているのであります。ですから、ただ地図の上だけで見ているのと違って、この「日本」という国に対して、このからだにつながる深い愛着をもつようになったのであります。その上わたくしの場合は、全国各地を廻《めぐ》るといっても、ただの観光客の旅行とは違いまして、行く先ざきに心の通う親しい人々がいるわけですから、それらの人々との心のつながりによって、日本中いたる処に、いわば「人間関係」の糸が張り廻らされているようなものであります。

ついでながら、ではどうしてわたくしが、そんなに広く日本全国を廻るようになったかと申しますと、それについては、やはり亡くなられたわたくしの先生のことを申さねばなりません。ところで、ここにわたくしが「先生」と申しますのは、実は学校時代に教わった先生ではないのであります。わたくしも小学・中学・高校・大学という永い学生生活の間には、たくさんの先生に教わりましたが、しかし今わたくしが、「先生」と申したのは、わたくしが大学を出て大学院の学生時代に、フトしたことからその先生に出会いまして、それまで教わったどの先生よりも深く尊敬するようになったのであります。そしてそれ以後七年ほどの間わたくしは、ひたすらその方の教えを受けたのであります。ついでですが、その方は、そのころはもう大学の先生ではなかったのであります。しかしわたくしが大学で教わったどの先生よりもすぐれた方でした。

もっとも、その方も終戦前には、現在の東京大学の前身の東京帝大の先生だったのですが、国が敗れると同時に辞職されて、全国各地をお廻りになられたのであります。それは、東京というような日本最大の都会だけに住んでいたんでは真の日本の姿は分からず、従ってそういうことでは真実の学問はできない。真実の学問をするには、どうしても全国各地を廻って、それぞれの土地に住み人々の中に融《と》け込んで、周囲の人びとのために尽しているようなリッパな人々と知り合う必要がある――と考えられたからであります。つまり真実の生きた学問というものは、ただ書物を読んでさえいれば、それが出来るというような簡単なものではない――ということを深く悟《さと》られたのであります。

こうしたお考えから先生の「全国行脚《あんぎゃ》」が始められたのであります。かくして先生は、全国各地の農村はもとより、漁村にも足をふみ入れられており、また北九州では、炭坑の坑夫生活もいっ時されたようであります。そのほか中・小企業の工場や、また東京や大阪というような大都会でドン底生活をしている人びとの中にも、いっ時は身を置かれたことがあるようであります。

しかしわたくしが初めて先生を知った時には、先生は、もうそうした「全国行脚《あんぎゃ》の旅」をピタリと止められたばかりか、大よそそれとは正反対の、徹底した隠遁《いんとん》生活に入っていられた時でした。そのころ先生の住んでいられたのは、京都の東北の北白川から比叡山の方へ山深く入った山中だったのですが、しかしだれ一人として山中の、先生のその隠《かく》れ家《が》へ行ったものはなかったのであります。何でも巌窟《がんくつ》の中に住んでいられるらしいということでしたが、わたくしなどよりずっと旧いお弟子の人でも、先生のお住いを知っている人は一人もなかったのであります。

ではどうしてわたくしの先生は、そのように徹底的な「隠者《いんじゃ》」としての生活をしていられたのかと、皆さんがたは不思議に思われるでしょうが、それは結局われわれ人間は、一体どこまで世間的な名利の欲から遠ざかることができるかということの、いわば実験をなさるためだったようであります。

では、その結果どうなったかと申しますと、そういう徹底した「隠者」のような生活を為さること七年にして、ついに先生の悟《さと》られたことは「われわれ人間は、この肉のからだを持っているかぎり、食欲や睡眠の欲はもとより、名利の念も、これを徹底的に根切りにすることはできない」ということだったたようであります。

そこで先生は、このような悟りをふまえて、もう一度世の中へ出て、「奉仕の生活」に身をささげようとされたのであります。しかるに悲しい哉《かな》!!そのころ先生のおからだは、すでに不治の病に犯されていたのであります。そして先生は、われわれ弟子の者たちに迷惑をかけないように――と、山中深く行方《ゆくえ》を晦《くらま》しておしまいになられたのであります。同時にこの辺のことはつまりわたくしがはじめて先生にお会いしたころから、ついに深山に没《ぼっ》せられるまでのあらましは――わたくしの「隠者の幻」という書物の中に書いておきましたから、もし読んでみようと思われる方は、学校の図書館に寄贈してありますから読んでみて下さい。

とにかくそういうわけで、わたくしは、三十歳の時、先師有間香玄幽《ありまかげんゆう》先生と永遠にお別れして、それから十年間、先生がかつてお廻りになられた足跡《あしあと》をたどって、全国各地をめぐって来たのであります。そしてそうした全国行脚の旅十年をへて、ようやくそのかみ教えて頂いた先生のご精神の一端が、多少とも分かりかけたかと思われるのであります。それ故ここ二・三年前から、求められるままに、こうして各地のご縁のある方々にお話しているのであります。有間香先生に関するお話は、一おうこの程度にしておきますが、しかしこれから毎週一回、みなさん方にお話する事がらは、どの一つをとっても、結局は先師有間香先生から教えられ、かつ学んだ事と申してよいのであります。

最後にウッカリしましたが、わたくしの姓は「名児耶《なごや》」と読むのです。有間香《ありまか》と同じく、ちょっと珍《めずら》しい姓《せい》でしょう。

（先生、一礼ののち壇《だん》を下りられ、校長先生と共に退場された）

第二講——一生で一ばん大事な年ごろ

道服姿の名児耶先生は、今日も校長先生のご案内で、合ぺい教室にお入りになった。すると生徒たちは、眼をかがやかしてお迎えする。先生は一礼されたのち、黒板に今日のテーマをお書きになって、さらにつぎのような詩を板書された。

立　志

十有三春秋　十有三春秋
逝者已如水　逝《ゆ》くものはすでに水の如し
天地無始終　天地始終なく
人生有生死　人生生死あり
安得類古人　安《いずく》んぞ古人に類して
列千載青史　千載青史《せんざいせいし》に列するを得んや

「これは徳川時代三百年の間で、いちばん有名な詩人の頼山陽という人が、十三才になった正月の元旦によんだ有名な詩ですが、これについては後でお話しますから、ここでは説明をいたしません」とおっしゃってすぐ話に入られた。

前の週にお話したように、わたくしは、さいしょ校長先生から、お話のあったさいには、ちょっとお受けするのをためらったのですが、この前皆さんたちにお会いしてみましたら、こうして毎週一回、わかい皆さんたちのような方にお会いできるのが、大へん楽しくなってきました。

ところで、今日のお話ですが、それは題目にも書きましたように、皆さんたちは今、一生のうちで一ばん大事な年ごろにさしかかっているということであります。そこでひとつおたずねしてみますが、ことし十三才の人は、手を挙げてみて下さい。（すると大部分のものが一せいに手をあげる）よろしい。やはり十三才の人が多いんですね。ところで、この「十三才」という年令は、題目にも書いたように、人間の一生のうちで、一ばん大事な年ごろですが、しかしこのことを、これまでだれか人から聞いたことのある人があったら、手を上げてみて下さい。（手を上げるのも一人もなし）たぶんそうだろうと思いましたが、やはりそうなんですね。

しかしこれは大へん大事なことですから、よくおぼえておいて下さい。そこで問題は、では十三才前後という年ごろは、人間の一生において、何ゆえそんなに大事なのでしょうか。だがこの問題は、皆さん方にはお分りにならぬのがとうぜんです。そこで、わたくしから申しますが、皆さん方のように、この十三才前後という年ごろが、人間の一生のうちで、何ゆえそんなに大事な年ごろかと申しますと、それは人間というものは、この十三才を中心にした前後二、三年の間に、人間としての生き方のタネまきをしなければならぬ年ごろだからであります。

ところで問題は、このばあい「人生のタネまき」とは、一体どういうことかと申しますと、つまりこの二度とない人間の一生を、いったいどのように生きたらよいか、という根本の心がまえのタネをまくのが、この十三才を中心とする前後三年間くらいだというわけであります。皆さん方には、まだよくは分らないでしょうが、稲《いね》などのような作物でも、そのタネまきの時をまちがえますと、たくさんの収穫は得られないのであります。そこで大むかしの人びとでも、この点については大へん苦心したものでありました。つまり冬の比較的あたたかな年には、早くまき過ぎると失敗しますし、またいつまでも寒い年ですと、ついタネまきの時期が遅れてこれまた失敗です。そこで困り果てたあげく考え出したのが「暦《こよみ》」というものであります。そして暦が発明されてから、はじめて人類は、作物のタネまきの時期が狂わなくなり、したがって生活が大へん楽になったのであります。

以上申したことによってもおわかりのように、作物の場合には「タネまきの時期を間違えないように――」ということは、大へん大事なことですが、いわんやわれわれ人間の場合には、作物などとはくらべものにならぬほど大事なわけであります。そしてそれが他ならぬ皆さんたちの現在の年ごろが、ちょうどその時期に当たっているというわけです。そこでわたくしも、皆さん方にたいするお話をまずこの問題から始めたいと思うのであります。

ところが、わたくし自身は幸せなことに、ちょうどその十三の年に、しかもその年の一月元旦に、このような「一生のタネまき」をしてもらったのであります。では、だれがそういうタネまきをしてくれたかと申しますと、それはわたくしのお祖父《じい》さんだったのであります。そこで今日はまずそのことから、話を始めたいと思います。

さて、わたくしの郷里は愛知県でありまして、あのイタリアをたてにしたような知多半島の真ん中辺りの町ですが、そのころ祖父は、わたくしたちとは八キロほど離れた武豊という町に住んでいました。それはナゼかと申しますと、そのころ祖父は愛知県の県会議長をしていましたので、大へん来客が多かったのであります。そこで来客のために、駅からあまり遠くない処に――というので、その武豊から七・八分くらいで行ける小さな丘の中腹の辺に住んでいたのであります。そこは大へん見晴らしがよくて、室の中から衣浦湾がひと目に見わたせて、白い帆をはった舟が、青い海の上を走るのが、今でもハッキリと心に浮かんできます。そういうわけで、正月の元旦には、わたくしは父につれられて、一駅汽車に乗ってその祖父のところへ、新年のごあいさつに行くことになっていたのです。そこで十三才の年の元旦にも、父につれられて祖父のところをたずねて、「明けましておめでとうございます。」と、新年のごあいさつをしたわけです。すると祖父は、そのころすでにヒゲが白くなっていましたが、「ああ、おめでとう。ところで、お前は今年いくつになったか。」と尋ねましたので、「ハイ、十三才になりました」と申しますと、「ア、そうか、十三才という年は、人間の一生で一ばん大事な年だが、知っているかな。」といわれるのです。ところがわたくしは、それまで親からも学校の先生からも、そういうことは一ども聞いたことがありませんでしたので、「知りません」と答えたのです。

するとその祖父は、「アアそうか」といって、黙ってそばの硯で墨をすって、紙に何か字を書くと、それをわたくしの方へさし出して、「お前、これが読めるか」といわれたのです。そこで、それを見たところ、漢字ばかりでカナは一字もなく、歯も立たぬわけです。そこでわたくしが、「読めません」というと、「ア、そうか、これはナ、徳川三百年の間で一ばん有名な詩人の頼山陽《らいさんよう》という人が、お前と同じ十三才の年に、しかも一月元日につくった詩だぞ」といわれたのであります。

どうも驚いたですね。同じ日本人で、しかも三百年もむかしの人でありながら、十三の年の、しかも一月元日につくった詩の意味が分からないばかりか、読むことさえできないのですから、まるで蛙がいたずら小僧に大地にたたきつけられたように参ったですね。

すると祖父は、わたくしの参った心を察してか、「それはこう読むのだ」といって、読み方を教えてくれました。それが初めに板書した本文の下につけた読み方なのです。ところが祖父は、それだけではまだわたくしには分かるまいと思ったのでしょう。その意味も教えてくれました。それを今わたくしが、皆さん方に分かるように申してみましょう。

ああ、いつの間にやら、もう十三になってしまった。
ウカウカしてはいられない。時は流水のように流れ去ってゆく。
この宇宙には始めもなく終わりもないが、
人間の一生は実に短いものである。
ところがその短い人間の一生において
どうしたら、むかしの偉い人たちと肩をならべて、
歴史にその名の残るような人間になれるであろうか。
という意味の詩だというではありませんか。

どうも驚きましたね。ほんとうに驚いたですよ。それはわたくしにとっては、おそらく生まれてはじめての大きな驚きだったといってよいでしょう。その時のわたくしは、先にいたずら小僧によって、運動場にたたきつけられてペチャンコになった蛙が、もう一度たたきつけられて、コッパみじんに吹っ飛んだような驚きでした。

もっともこうは申しましても、それによってわたくし自身が、では頼山陽のように「歴史にその名の残るような人間になりたい――」というような大志をいだいたかというと、そうではありません。だがそれにもかかわらず、わたくしにとっては、この十三の年の一月元日に祖父から、同じ十三の年の一月元日に詠《よ》んだ頼山陽の詩の話を聞かされたということは、自分ではそれとは気づきませんでしたが、わたくしの心の底ふかくタネまきされたように思うのであります。そしてそれが、それ以後今日に到るまで、わたくしの人生の歩みの上に大きな影響をあたえ、かつその根本動力になっているように思われてならないのであります。それゆえ、今日ここに皆さん方に対して、このようなお話をするというのも、実はその時、祖父によってまかれたタネが生えて、それがある程度大きくなり、かなりたくさんの実《み》がなり出したので、それらの実《み》を皆さんたちに、おすそ分けするような気もちであります。

しかし現在のわたくしの考えでは、皆さんたちのいのちのタネまきは、ひとつ皆さん方自身でしていただきたいと思うのであります。そしてそれにはここ三カ月か半年の間に、学校の図書室か学級文庫から偉人の伝記を十冊ほどかり出して読んで下さい。そしてその中で一ばん自分の好きな人の伝記を一冊、これは自分で求めて下さい。そしてそれには、ご両親から半分と、自分のお小使いから半分と、つまり半々にお金を出し合って求めて下さい。そしてその本には、ご両親にお名前と、皆さんの一生守るべき記念のコトバとを書いていただくこと。つぎにはそれを学校へ持ってきて、受けもちの先生と校長先生にも、それぞれお名前と記念のコトバを書いていただくのです。するとその本は、あなた方にとっては、この世の中で一ばん大切な本となりましょう。それというのも、もしそれを失ったとしたら、そしてそれら四人の方のうち、どなたかお一人でも亡《な》くなられたとしたら、たとえ一億円の金をつんでも、もはやそれを再び手に入れることは出来ないからであります。

　そして次には、その一冊の本をよく読んで、その偉人の一生の歩みの要点を箇条的に書き抜いて、それを年表のように、横長の紙のはじめに「人生二度なし」とスミで書いて、そのうち大事な箇条には赤丸をつけて、それだけは、いつでもどこでも、そらで言えるようにするのです。運動場でも、また学校からの帰り道でも、さらには自宅のお風呂の中でも、いつでも言えるようになったら、その時あなた方の一生のいのちのタネまきはすんだというわけで、あとは時どき適当な肥料をやったり、雑草をとるだけでよいわけですが、それらについては、今後この一年間かかって、順にお話してゆくつもりです。では今日はこれまで――。

（先生ニコヤカな笑顔でおわりの礼をされ、校長先生とご一しょに退場された。）

第三講 —— 人生二度なし

校長先生の先導で、道服姿の名児耶《なごや》先生をお迎えするのは、今日で三回目である。先生は一礼ののち、おもむろに題目をお書きになる。生徒たち以上にわれわれ教師のほうが、今日はどういうテーマでお話しになられるだろうかと心の期待がつよい。題目を書かれたあと、引きつづき

一茶の句

我と来て遊べや親のない雀
雀の子そこのけそこのけお馬が通る
やせ蛙負けるな一茶これにあり

という一茶の句を書かれて、「これは小林一茶という徳川時代の俳人の句のうち、皆さんたちにも分かりやすい句をと考えて選んでみたわけです。一茶は信州(今の長野県)の生まれで、わかいころ江戸(今の東京)へ出て、俳句の修業をした人ですが、大へん苦労をした人です。そして晩年に、五十才近くなってから故里に帰ったのですが、その時の思いをよんだのが、

これがまあつひの栖《すみか》か雪五尺

という句です。それというのも一茶の故里《ふるさと》は、長野県でも新潟県境に近い北のはしで、冬になると今でも大へん雪が深いのです。一茶について詳しいことは、図書室に本がありましょうから読んで下さい。そして好きになられたら、どうぞ大きくなってからも研究して下さい。そのためには、今後わた

くしの書く一茶の句は、すべて暗記するようにして下さい。この次には、ひとつ皆さん方に当てて暗誦していただきましょう。

さて、この前の週には、わたくしは皆さんに対して、大へん大事なことをお話したつもりです。それは何かというと、あなた方は現在一生のうちで、一ばん大事な年ごろだということだったですね。では何故かというに、それは十三才を中心とする前後二、三年という年ごろは、人間が一生の生き方のタネまきをする大事な時期だということだったですね。これは、何が大切だといっても、これほど大事なことはなかろうと思います。

ところが、わたくしがこう申しても、あなた方はもとより、あなた方のご両親の中にも、「でもうちの子は、がんぜなくて、そういういのちのタネまきなんかするには、まだ少々早過ぎると思いますが——」と考えられる方が多かろうと思います。否、うっかりすると、先生方の中にさえ、同じようなお考えの方もあるかと思うほどです。しかし、この前にも申したように、実は、けっして早過ぎはしないのです。否、ちょうどほどよい年ごろなのです。ですから、「そんな真面目《まじめ》なことを考えるには、まだすこし早過ぎるだろう」などと考えて、ボンヤリしたりグズグズしていますと、時期遅れになってしまって、しっかりして気張ろうと思っても、心の土台がゆるんでいて、いつしか真剣な態度がとれなくなりましょう。

そういうわけですから、わたくしは今日も引きつづいて、題目にも書いたように、「人生二度なし」という題でお話したいと思います。つまり前の週に、人間の一生の生き方のタネまきの話をしたわけですから、いわばそのつづきといってよいのです。それは言いかえますと、人間の生き方のタネまきをして、それからうまく芽が出ますと、一体どういう芽になるかと申しますと、それが今日お話したいと思うこの「人生二度なし」という芽であります。つまり、われわれ人間の一生というものは、二度とくり返すことのできないものだということであります。

ところが、こう申しますと皆さん方は、「人生が二度ないくらいのことは、分かり切ったことで、何ら珍しいことではないじゃないか」といわれるかと思います。では、そういう人たちに申しますが、皆さんの大事なお父さんやお母さんも、いつかは亡くなられるんですよ。つまり皆さん方をこの世に残して死んでゆかれ、二度と帰ってはこられないのです。一たい皆さん方は、そのようにご両親に先立たれて、あとに取り残された場合の自分の運命について、一度でもしんけんに考えてみたことがおありですか。

（一同シーンと水を打ったような静けさになる）そうした場合、あなた方は一たいどうして生きてゆくつもりですか。一家をもった大きなお兄さんやお姉さんのある人は、そういう方々のおかげで、何とかしていただけるかと思いますが、そういう場合は、どちらかといえば少ないのです。いわんや、皆さん方が長男や長女だったとしたら、そういう場合、一たいどうすればよいと思われますか。（一同いよいよシューンとなる）

皆さん方の中で、今わたくしの申したようなことを、一度でもよいから、真剣に考えたことのある人がありますか。もしあったら手をあげてみて下さい。（すると一人の生徒が手をあげて、「わたくしの家では、お父さんがわたくしの小学二年の時に死んだのです。ですからこの上もしお母さんまでが、ガンや交通禍などで亡くなられたら、どうしたらよいかといつも心配しています」と答えた。）すると先生は、「そうですか、それはどうも何ともお気の毒なことですね。この話が終わってつごうがついたら、ちょっと校長室までお出で下さい。そして、もう少しお家の事などお聞きしたいと思いますから――」ところで他の人たちは、今の人に対してどう思われますか。今の人のいわれたことは、何としっかりした考えではありませんか。わたくしたちが、つよく心を打たれるのは、あの人が人生の悲しみをなめられ、すでに人生の深さというものの一端にふれていられるからでしょう。

このようにわれわれ人間というものは、色いろと不幸な目に出会った場合にも、そういう人生の重荷をがっしりと受け止め、そのためにヤケなど起こさないで、堪《た》えしのんでいますと、その中からしだいに強い心が湧《わ》き上がってきて、そうした人生の悲しみに出合わなかった以前より、かえって人間がしゃんとして来て、雄々《おお》しく立ち上がることが出来るようになるのです。（ここで先生は、「失礼ですが、皆さんたちのうちで、ご両親のどちらかを亡くされた人は手をあげて下さい」といわれると、五人手をあげた。そこで先生はさらに、「もしご両親共ない人があったら、手をあげてみて下さい」といわれたら、一人手があがった。すると先生は、「もし学校の方でお許しがあれば、あとでそういう方たちだけで座談会でもしたらと思いますね」とおっしゃった。）

これによっても、皆さん方もよくお分かりでしょう。われわれ人間というものは、いつ死なねばならないか、まったく分からないのです。とくに現在のわが国では、ガンや交通禍のためにいつ何どき死なねばならないか、だれにも分からないのです。またかりに長生きしたといっても、せいぜい百才までで、九〇才以上という人さえ少ないほうで、たいていは九〇才以下で死ぬ人が多いといってよいでしょう。

それゆえ一たん死んでしまいますと、もう一度生まれかわってきて、人生をやり直すことなど出来るわけではありません。

ですから、われわれ人間がこの世に生まれてきて、人間として一生を送るということは、どれほど大事で、意味深いことか知れないのです。それどころか、わたくしたちは、今お互いに「人間」として生きているのであって、牛でもブタでもないわけです。（先生がこういわれると、笑うものあり）ところがですね、皆さんたちの中に、この世へ生まれてくる前に、「どうぞ次の世には人間として生まれますように――」と、神仏に祈ったおかげで、こうして人間として生まれてこれたのだ、といえる人が一人でもあるでしょうか。（先生微笑されながら、「もしあったら手をあげて下さい」といわれるが、だれひとり手をあげるものなし）そうですよね。だれ一人として、この世に生まれる前に神仏に、「どうぞこの次には、人間として生まれるようにして下さい」と願って、人間に生まれて来た人はないわけです。

ところが、皆さん方もご存じのように、この地球上にはたくさんの生物が生きているわけですね。犬やねこなどは、人間に飼われているわけですが、ねずみとなると、どんなに人間にきらわれても、どんどんふえるばかりです。またヘビやマムシなども、人間にきらわれながら生きていますね。その他色いろな魚類から、さらに昆虫類になりますと、どれほどたくさんの種類があるか、ほとんど数え切れないほどであります。

しかるにわれわれ人間は、それら無数の生物の中のどれにもならないで、こうしてここに「人間」として、この世に生まれて来たのでしょう。それは一体どうしてでしょうか。その本当のわけは、皆さんたちに分からないばかりか、このわたくしにも実は分からないのであります。もしどうしても、何とか答えねばならないとすれば、それは神仏のおかげという他ないでしょう。もしまた、それを他の角度から申すとすれば、結局わたくしたちを生んで下さった両親が、犬やねこ、さらにはねずみやヘビでなくて、人間の親だったからという他ないでしょう。ところがこれまで皆さん方は、今わたくしが申しているようなことを考えたことは、ほとんどないでしょう。しかし今やあなた方も、こうした人間として一ばん大事な根本の問題について、少しは考えなくてはならぬ年ごろになったのであります。では何故そうかと申しますと、それはあなた方が、今や人間としての生き方のタネまきの時期にさしかかっているからであります。

今わたくしの申したことを、もう一度煮《に》つめて申しますと、この地球上には、人間以外にも無数に他の生き物があるにもかかわらず、われわれはとくに「人間」として、この世に生まれて来たわけですが、しかしそれは何らわたくしたちが、努力したせいではありません。つまりわたくしたちは、自分として何ひとつこれという努力もしないのに、こうして一切の生き物のうちで、いちばん高い地位にある「人間」としての「生命」をあたえられたわけであります。したがってわたくしたちとしては、どうしてもそれに値いするような生き方をしなければならぬわけであります。

しかるに、そのためにわれわれ人間にあたえられている寿命《じゅみょう》は、先ほどらい申すように、せいぜいまず百年までで、たいていの人はまず七十代か八十代で死ぬのであります。しかしそれよりも、もっと大事なことは、この「人間」としてのわたくしたちの一生は、二度とやり直しの利《き》かぬものだということであります。もしもう一度生まれ代わって、人生のやり直しが利くようでしたら、かりにわたくしたちの一生が七・八十年としても、マア何とかなりましょう。つまりもう一度この世に生まれ代わってきて、やり直しをすればよいわけです。ところが、すでに幾たびも申してきたように、わたくしたちの一生は、唯一度だけであって、二度とやり直しは利かないのであります。ですから、どんな人でも、もしこの点を真剣に考えますと、じっとしてはいられなくなるはずであります。

ところが、実さい驚くべきことには、多くの人が意外なほど、人生におけるこの最大の問題について、深く考えていないようであります。普通にはなかなかよく物事の分かった人と思われている人びとでも、この点について、ほんとうに深く考えている人は、意外に少ないようであります。否、非常に少ないのではないかと思います。

そこで、それではわたくし自身が、この「人生二度なし」ということがはじめて分かり出したのは、いったいいつごろかと申しますと、だいたい三十二、三才のころからであります。こう申しますと皆さん方は、「ナニ、三十過ぎるまでも、こんな分かり切ったことが分からなかったとはあきれたものだ」と思う人もおありでしょう。しかし、皆さん方に何と思われようと、事実は事実であって、ウソを申すわけには参りません。ただ、その場合ひとつ大事なことは、わたくしが初めてこの「人生二度なし」ということが分かり出したのは、今も申すように三十二、三才ごろですが、同時にそれから以後の人生においては、「この人生二度なし」ということが、心の底から消えないようになったということであります。

ですから、こういう問題についてここにお話するのは、現在のあなた方にとっては、大して興味のない人が多かろうかと思いますが、しかしこうして皆さん方の心の中に「人生二度なし」という、この世でいちばん貴重なタネのタネまきをしておきますと、それが皆さん方の心の中でしだいに芽が出て、やがてリッパに生長するに違いないと思うからであります。では今日はこれで——。

（先生、一礼ののち、校長先生といっしょに静かに出てゆかれた。そして生徒たちの見送る視線がその後を追った。）

第四講――まず人間としての軌道に

道服すがたの名児耶《なこや》先生は、今日も校長先生のご案内でおいでになり、一礼の後、今日のテーマを書かれる。生徒たちには題目の意味がもうひとつピンとこないらしいが、先生はそれを少しも気になさってはいられないらしい。やがて生徒たちにむかって、「この前、皆さんに俳人一茶の句を三句ご紹介しましたね。そして、皆さんに「暗誦するように――」と申しましたが、皆さん暗誦が出来ますか。やれる人はどうぞ手をあげて下さい。」といわれると、ほとんど全員が手をあげる。そこで、先生は五人ほどに当てられたが、みな見事に暗誦した。すると先生は、「みなさんよく出来ましたね。それにしても一茶の句は、皆さんくらいの年ごろの人には、よく分かって面白いでしょう。それゆえ暗誦もしやすいわけですね。

では今日はもう二句ご紹介しますから、つぎの週には、みなで五句暗誦できるようにして下さい。新しい二句は上に丸印のついたものですが、暗誦にはここに書いた順序にして下さい。

一茶の句

我と来て遊べや親のない雀
雀の子そこのけそこのけお馬が通る
やせ蛙まけるな一茶これにあり
○悠然として山を見る蛙《かわず》かな

○やれ打つな蠅《はえ》が手をする足をする

どうです。皆さん！前の三句と後の二句とは少し調子が違うともいえましょうが、とにかく皆さん方としてはこれらの俳句によって、一茶という俳人のもっていた特色の一端がお分かりになりましょう。

さて前の週には、わたくしは「人生二度なし」ということについてお話いたしました。しかし、あとで考えてみて、どうも皆さんたちにお話するテーマとしては、少しむずかし過ぎたかしらとも思ってみましたが、しかしこの「人生二度なし」ということは、わたくしにとっては、どんなことよりも大事な人生の根本信条であって、この前にも申したように、わたくしは三十二、三才のころから今日まで、一日としてわたくしの心の底から離れたことはないのです。したがって皆さん方には、少々むずかしいかとも思いましたが、わたくしが皆さん方に対して、まじめにかつ真剣にお話するとなると、たとえ現在のあなた方にはよく分からないにしても、あなた方への心のタネまきとして、どうしても最初に申さずにはいられなかったのであります。

それというのも、これから一年間、皆さん方にお話するわたくしの話は、そのすべてが、この「人生二度なし」という根本の大真理から生まれてくる事ばかりだからであります。ですから、このいちばん根本の大真理を抜きにしたんでは、それらの一つ一つは、まるで一本の大木の幹からバラバラに切り離された枝みたいに、生命のこもらないものになってしまうわけであります。

ところで、このような立場にたって、今日真っ先にお話したいと思うことは、皆さん方に、何よりもまず「人間としての軌道」に乗っていただきたいということであります。こう申しますと皆さん方は、「人間としての軌道に乗るように——」といわれても、自分たちはこのようにすでにリッパに人間になっているんじゃないか——と思う人もないではないでしょう。つまり、今さら「人間としての軌道にのれ」などといわれるわけが分からないと考える人もあろうかと思うのです。

しかしながら、わたくしから考えますと、皆さん方のうちで、真に「人間としての軌道」に乗っている人は、失礼ながらきわめて少ないのではなかろうかと思うのです。それはおそらく、十人に一人くらいのものではないかとさえ思うほどです。ですから、ここに二〇〇人近い人が集まっているとしても、わたくしの考えているような意味で、「人間としての軌道」に乗っている人となりますと、この中で二十人前後ではないかと思うのであります。あるいは、二十人より内がわに食いこむかとさえ思われるほどです。むかしから、

人多き人の中にも人ぞなき、人となれ人　人となせ人

という歌があるようですが、この歌は、世の中に人間の数はひじょうに多いが、しかし本当の人間というものは、意外なほど少ないものだ、という意味を読んだものでしょう。

ところが、わたくしがここで申そうとしているのは、この歌の意味とは少し違いまして、そんなに珍しいほどのリッパな人間になるようにというのではなくて、ごく普通に、人間としてあたりまえの軌道にだけは、ぜひ乗るようにしていただきたい——というわけです。

しかし、いつまでも、そういっていても、皆さん方にはわたくしが、一体どういうことを考えているかお分かりにならぬでしょうから、実さいの事がらについて申すことにいたしましょう。

では、わたくしがここで、「人間としての軌道」といっているものは何かと申しますと、その第一は、まい朝親に対してあいさつのできる人間になる――ということであって、もしこれが出来ないとしたら、そういう人は、まだほんとうに「人間としての軌道」に乗っているとは言えないんだと思うのですが、皆さんいかがでしょう。こう申すと皆さん方は、「そんな分かり切った、あたり前のことなんか」と思われるでしょうが、しかしそれほど分かり切った、あたり前のことだったら、サッサとやったら良いではありませんか。しかしそのあたり前のことのやれる人が意外に少ないところに、大事な根本問題があるわけであります。では、ひとつ皆さん方のうちで、毎朝親ごさんに「お早うございます」とあいさつをしている人は、ひとつ正直に手をあげてみて下さい。（生徒は互いに顔をながめ合っていたが、約五分の一ほどが手をあげた）そうでしょうね。わたくしも大体それくらいかと考えていたところでしたから、それほど驚きもしませんが、しかし人間があさ人に出会ったさい、真っ先にしなければならぬのは、朝のあいさつではないでしょうか。しかるに、それが自分の親に対してできないようで、はたして「人間としての軌道」に乗っているといえるでしょうか。

ところが、こう申しますと、皆さん方の中には、「自分も小さいころにはしていたが、五、六年生になったり、中学に入ってからしなくなった」という人もおありでしょう。しかしわたくしの考えでは、それはむしろ逆ではないかと思います。ということは、人は一人前のおとなになったら、自分の知っている人に朝出会ったばあい、あいさつしないという人は、まずは無いといってよいでしょう。それというのも、人が大人になるということは、物ごとの道理がわかるようになる、ということだからであります。

しかるに今あなた方が、小学の二、三年生のころには、まい朝親ごさんにたいしてあいさつをしていたのに、五、六年生や中学生になったら、それをしなくなったというのでは、むしろ逆であって、そういうことでは、まい日学校に通って教育を受けたということが、何の役にも立っていないどころか、逆に人間としてのネジがゆるんで来たともいえるのではないでしょうか。

わたくしは、教育というものは、これまで弛《ゆる》んでいた人間のネジを、しっかりと巻き上げ、それによってシャンとした人間になることだと思うのですが、今のように、教育を受ければ受けるほど、かえって人間としてのネジが弛《ゆる》むというようでは、これは大へんおかしなことではないかと思うのです。ですから、わたくしの考えでは、上級生になれば、親ごさんへの朝のあいさつも、これまでより一そうハッキリできるようになり、そのために弟さんや妹さんなども、これまであまりしなかったのが、皆さん方を見習って、リッパなあいさつができるようになることだろうと思うのですが、いかがでしょう。

つぎに、「人間としての軌道」の第二は何かと申しますと、親ごさんから呼ばれたら、必ず「ハイ」という返事ができるということであります。犬やねこで、可愛がっている人が呼びますと、よろこんでやってきて、「ワンワン」とか「ニャアニャア」というでしょう。しかるに人間の子が親から呼ばれて、「ハイ」という返事ひとつできないようでは、おかしいと思うのです。もしわたくしのいうことが変だと思う人があったとしたら、そしてそういう人が、将来高校なり大学なりを卒業して、社会の一員となって就職した場合、つとめ先で朝上役に出あっても、あいさつひとつせず、また呼ばれても「ハイ」という返事をしなかったとしたら、一体どういうことになると思われますか。これはいまさら説明などいらないほど明らかなことでしょう。そこで、もしそうだとしたら、世の中へ出る前に、まずわが家においてそれを実行し、十分に練習しておく必要があるというわけで、どうしてそれがおかしなことなんでしょうか。わたくしから申せば、これほど分かり切った話はないと思うのですが、いかがでしょう。

つぎに、人間としての第三の軌道は何かと申しますと、それはオモテとウラの両面がありますので、まずオモテの方から申しますと、それは席を立ったらイスを出しっぱなしにしないで、かならずキチンと中へ入れておくということです。そしてここまで来ますと、皆さん方も、ナルほどと思われるでしょう。つまりここまで来ますと、いかにも「人間としての軌道」という感じがするでしょう。

しかしそれだけに、これは大へんむずかしいことであります。そうとうの大人《おとな》のひとでも、「席を立ったらかならずイスを入れる」ということの守れない人が、少なくないのであります。この点の守れている人は、サア、大人《おとな》十人の中でも五人とはなくて、三人か四人くらいではないかと思われます。つまりそれほどこれは、むずかしいことなのであります。では、どうしてそんなにむずかしいかと申しますと、これは実は人間としてのしまりの問題だからであります。すなわち、人間としてしまりのある人でないと、なかなか守れぬというわけです。ですから皆さんたちは、このこと一つによっても、その人がどのていどの人間としてしまりのある人かどうか、ということが分かるともいえるのであります。ですから皆さんたちのうち、男の人は将来大人になって結婚するような場合、イスを出しっぱなしにして平気でいるような女のひとと結婚したら、人間としてのしまりはもちろん、財布《さいふ》のしまりさえないんですから、大へんな目に出会うわけです。（一同大笑）

では、イスを入れることをオモテとしたら、もう一つのウラにあたるのは何かと申しますと、それはハキモノを脱いだら、かならず揃《そろ》えるということです。そしてこれは、前のイスを入れることよりも、もっとむずかしいようであります。ですから、これができるようになったら、その人は一おう「人間としての軌道」に乗った人と見てよいでしょう。つまり、人間としてリッパなしまりのある人であり、同時にお金のことも、いちおうたしかな人と見て、ほぼ間違いがないといえましょう。

そこで、以上お話してきた三つ（または四つ）の事がらは、たびたび申すように、「人間としての軌道」でありまして、これらの三つは、小さいうちに家庭でしっかりしつけねばならぬ事がらであります。同時にそうした点からして、これら三つの事がらは、ふつうにしつけと呼ばれているものであります。世間の親ごさん方は、わが子のしつけが大切だということは、だれ一人として考えない人はありませんが、しかししつけと呼ばれるものの中身が、以上お話した三つ（または四つ）の事がらだということを、ほんとうに心得ている人は、あんがい少ないように思うのであります。ですから皆さん方にしても、もし以上わたくしの申した三つの事がらが、まだ十分身についていない人は、今日を境《さかい》にゼヒ実行するようにしていただきたいと思います。では今日はこれまで――。（先生は話がすむと、おもむろに壇を下りられ、校長先生のご案内で退場せられた。）

第五講——甘え心をふりすてよう　——稚心《ちしん》を去る——

名児耶先生、今日も校長先生のごあんないで入室され、生徒たちも先生の道服姿には、大ぶ馴《な》れてきたように見える。一礼ののち、題目を板書されてから、「サァ、前回までに一茶の俳句を五つご紹介したのですが、皆さん暗誦できますか。人間は暗誦できるものでないと、真に身についたものとはいえません。〝ちょっと待ってくれ、ノートを見るから――〟などというようではダメです。いわんやそのノートさえ忘れて来たんでは、どうにも仕様がないでしょう。では、暗誦できる人？」といわれると、ほとんど全員が手を上げる。そこで先生、五人ほどの生徒に当てられてから、「皆さん、リッパに暗誦できるようになりましたね。一茶の俳句を十句も暗誦できれば、それだけでも一生がい身についた一つの宝です。では今日も、もう二つつけ足して七つにしますから、次の週には、七つとも暗誦できるようにして下さい」といわれて、次のように板書された。

一茶の句

我と来て遊べや親のない雀
雀の子そこのけそこのけお馬が通る
瘦蛙《やせがえる》まけるな一茶これにあり
悠然として山を見る蛙《かわず》かな
やれ打つな蠅《はえ》が手をする足をする

這《は》へ笑へ二つになるぞけさからは
露の世は露の世ながらさりながら

はじめの五句は、主として一茶の生きものに対する愛情をよんだ句ですが、次の第六の句は、一茶が年をとってから生まれたさとという女の子が、二つになったお正月に、一人前のおぞうにのぜんをそなえて、その成長を祝った句といわれています。しかるに気のどくなことに、その後間もなくその子が亡くなったので、それを悼《いた》んだ句が第七句なのです。人間はいかに悟《さと》ったようでも、親子の愛情には断《た》ち難いものがあることは、この句によっても伺えるわけです。

さて前の週には、「まず人としての軌道に――」というテーマでお話しましたね。そしてそれは、ふつうの人なら大ていの人が知っていながら、いざ実行ということになると、案外できにくいばかりか、相当の人でも意外に守られていない場合が少なくないといってよいでしょう。そしてこのことは、わが国の家庭教育が、戦後まだ十分軌道に乗っていないせいだともいえましょう。そのために、人として当然の軌道ともいうべき、㈠朝のあいさつや㈡親から呼ばれたら「ハイ」という返事とか、さらに㈢席を立ったらイスを入れ、ハキモノを脱いだら、必ずそろえておくというようなことが、相当な人の中にも守れない人がいるという有様です。

なお、この前申し落としましたが、席を立ったら必ずイスを入れるというしつけは、西洋風のものであり、これに反してハキモノを脱いだら必ずそろえるというのは、日本流のしつけといってよいでしょう。そしてわが国では、現在西洋風の生活と、日本のむかしからの生活とが入り交っていますので、これらの両方が必要なわけです。そしてこれらのいずれもが、しまりのある人間になるために必要なしつけであるばかりか、同時にお金のムダづかいをしない人間にも、それによってなれるのであります。
では、そうした立場から考えて、今日わたくしが皆さん方にお話したいと考えている、この「甘え心をふり捨てよう」ということは、これらのしつけと一体どういう関係があるのでしょうか。しかしこの点についてお話する前に、今日のテーマのこの「甘え心をふり捨てる」ということは、一体どういう意味かということについて、いちおうお話する必要があるかと思います。

　さてこの点については、幕末の志士の橋本左内《きない》先生は、「稚心《ちしん》を去る」と言っておられるのであります。このコトバの意味の分かる人がありますか。あったら手をあげて下さい。（といわれたが、手があがらなかったので）先生は、「サァ間違ってもかまわぬのです。ひょっとして間違ったら恥をかくから――などと考えて黙っている人より、当たって砕《くだ》けろ式で、とにかく体あたりの気もちで言うてみる人のほうが進歩しますよね。サァ一人もないですか」（といわれると、中ほどの辺りで手を上げた生徒がいた。H君である。そして彼は、「わたくしは幼稚な心を捨てるということで、つまり先生のおっしゃる〝甘え心をふり捨てる〟というのと結局は同じだろうと思います」と答えた。すると先生は、「そうです!!　全くその通りといってよいのです。つまり幼稚な子ども臭い甘えごころを断《た》ち切り、投げ捨ててしまうというほどの意味でしょうね」といわれた。）

　ところで、この「稚心を去る」というコトバは、先ほども申したように、幕末の志士の中でも、もっとも傑出していた橋本左内先生が、十五才の時に、自分が志を立てた記念として「啓発録《けいはつろく》」という短い一文を書かれたのであります。そしてそれは、現在でも「橋本左内全集」の中に入っていますが、その

第一条としてかかげられたのが、他ならぬこの「稚心を去る」というコトバであって、左内先生はそれを漢文で「去ル二稚心ヲ一」と書いていられるのであります。

そこでこの「稚心を去る」というコトバの意味ですが、それは今H君がいわれたように、子ども臭い甘えごころを断《た》ち切りふり捨てるということです。というのも、人間というものは、いつまでも子ども臭い甘えごころをもっていると、キリッとしたリッパな人間には成れぬということなんです。つまり甘えごころを断ち切りふり捨てないと、人間がベタついて、いつまでたってもシャンとした人間にはなれないというわけであります。

したがって、この「稚心《ちしん》を去る」ということと、前回にお話した「人生二度なし」ということとは、関係があるどころか、じつに深い関係があると言えましょう。というよりも、皆さん方の年ごろに、あの「人生二度なし」という真理が、心の底ふかくタネまかれたとしたら、それが最初に芽を出すのはこの「稚心を去る」、すなわち「甘え心をふり捨てる」ことからだと思うのであります。

ではこの「稚心を去る」ということは、実際には一たいどういうことかと申しますと、それは唯今「甘えごころ」を断ち切ることだと申しましたが、実際には一たいどういうことでしょうか。

この点について、わたくしの心には、一つの大事な問題が浮かぶのであります。それは何かというと、朝、親に声で起こされないで、自分で起きるということであります。(一同シーンとなる)実際考えてもごらんなさい。毎朝親に声で起こされるというのは、幼稚園や小学校の下級生なら止むをえないでしょう。しかし小学校でも高学年の五、六年生になり、さらには中学生にもなりながら、まい朝お母さんから二度三度と起こされなければ起きられないということは、一たいどう言ったらよいでしょうか。わたくしから考えますと、それはいつまでも甘え心がとれず、したがって人としての根本の点では、小学校の下級生と、何ら違っていないからだといえましょう。つまりいい年をして、中にはお母さんより背が高いのに、まい朝「まだ起きないの？いつまで寝ているんです。早く起きないと遅刻しますよ!!」などというコトバを、しかも一日の生活のはじまる最初に、日曜、休日以外は例外なしに、心に刻みつけられているようで、一体どうなるというのでしょうか。もうこれ以上は、言わなくたって分かることでしょう。

　ところが、このように分かり切ったことが、これまで出来なかったということは、そもそも何ゆえでしょうか。それはわたくしから申せば、その人の心が弛《ゆる》んでおりたるんでいて、つまり性根《しょうね》が入っていないからだという他ないでしょう。ところが、いい年をしながら、それが分からぬというのは、結局、その人の甘え心が、まだ断ち切られていないからでしょう。そしてそれは、言いかえれば、体ばかりは大きくなりながら、心はまだ小学校の二、三年か、四、五年の延長だということでしょう。それゆえ皆さんたちも、あすの朝からゼヒ自分で起きて、親ごさんから声で起こされない人間になって下さい。

　そこで、次には実さい問題として、それにはどうしたらよいかというに、この点についてしっかり決心がついたら、今日家へ帰ったらお母さんに「ボク（わたし）はあすの朝から一人で起きることにするから、これまでのように声で起こさないで下さい。しかし時間がきたらどうぞラジオをかけて下さい」といって、お願いするがよいでしょう。そうしますと、皆さんのお母さんの中には、眼に涙を浮かべて喜ばれる方さえありましょう。それというのも、朝ひとりで起きる人間になるということほど、たのもしいことはないからであります。ですからあすの朝から、自分で目覚時計をかけるか、それともお母さんにラジオをかけていただくかして、とにかく声で起こされない人間になって下さい。

では、「稚心を去る」という点で、その次に大事なことは何かと申しますと、それは親の方から「勉強をしなさい」などといわれないように、ひとりで勉強する人間になるということです。それというのも、勉強などということは、元来人からさしずされてするものではないからです。それも小学校の一、二年生とか三年生くらいでしたら、そういわれるのもムリのない話です。しかし五、六年生にもなり、さらには中学の一、二年生にもなりながら、毎日親からさいそくされねば勉強ができないなどということは、全くどうかしているといってよいでしょう。ですから、上に申したように、親から声で起こされないということと、親から勉強のさいそくをされないという、この二つの事がらは、今日を境にかたく決心して守るようにして下さい。

それどころか、もう皆さん方の年ごろになったら、感心な人なら、小学校の一、二年や三年生くらいの弟や妹があったら、その勉強を見てあげるくらいでありたいと思います。もしわが子がそういう子になってくれたら、親ごさんの身になったら、何という深いよろこびでしょう。察するに余りがあります。それというのも、そのような場合、親の身になりますと、何にもましてわが子の人間としての頼《たの》もしさが感じられるからであります。ということは、わが身に万一のことがあった場合にも、あの子があんなに弟や妹の世話をしてくれるんだからと、心の底で安心されるわけであります。

そこで、最後にもう一つ、この「稚心を去る」ということ、つまり甘え心というか子ども臭さを断ち切るためには、今日かぎり「兄弟げんか」についても、ひとつ根切りに出来ないものかと思います。実さい、いい年をしながら、いつまでも「兄弟げんか」が止められないということは、実にみっともないことであります。それというのも、今も申すように、親ごさんの身に万一のことでもあった場合、皆さんたちは弟や妹の世話をしなければならぬ立場に立つわけだからであります。それどころか、もしお母さんがガンとか交通禍などで、万一亡《な》くなられでもしたら、皆さん方のうち女の人は、とうぜん朝早くから起きてご飯をたき、お父さんにお勤《つと》めに行っていただかねばならぬわけです。そして弟や妹たちにもご飯を食べさせたり、服を着せたりして、幼稚園や学校へ遅れないように出してあげねばならぬのであります。

ですから、このような場合を考えますと、わたくしが今日「稚心を去る」、すなわち甘えごころを断ち切る第一歩として、朝ひとりで起きることと、親から勉強のさいそくをされぬということ、および兄弟げんかをしないということ——これらはいずれもみな当然なことばかりだということがお分かりになったと思います。では今日はこれで終わりといたしましょう。

（先生、一礼ののち、校長先生とご一しょに、しずかに退場される。）

第六講――学校生活のきまり――二つ三つ――

今日も道服姿の名児耶先生は、校長先生のご案内でおいでになり、一礼ののち、今日のお話のテーマをお書きになった。そして「みなさん方にお話したいと思いながら、ついおくれましたが、わたくしの今着ている服は、ちょっと変わっていて珍しいでしょう。これには、べつに、これという名前はありませんが、しいていえば〝道服《どうふく》〟とでもいうのでしょう。お寺の坊さんの衣ともちがいますし、またキリストの牧師さんの服装ともちがいます。ではナゼこのように、ふつうとはちがった服を着ているかと申しますと、それは現在のわたくしの生活は、人さまのお布施《ふせ》、つまり戴《いただ》き物《もの》によってささえられていますので、そのことを、いつも自分で忘れないように――というためであります。わたくしには妻子がありませんので、お布施《ふせ》だけで、けっこう生活がささえられているわけです」とおっしやられた。

それから「ところで皆さん方は、これまでわたくしがご紹介してきた一茶の俳句七つの暗誦ができますか。サア言える人は手を上げて下さい」といわれると、ほとんどの生徒がみな手を上げた。そこで二、三人が立って暗誦すると「ヤハリこうして暗誦するんでないと、ほんとうに身についたものとはなりませんからね」とおっしゃられた。

さて、これまでわたくしは、主として皆さんがたの身のまわりの事がらについて申してきたわけですが、今日はひとつ学校生活について、心がけるべき事がらについて申してみましょう。それというのも、学校における心得というような事がらについては、わたくしなどはよく存じませんし、それに、学校生活における心得については、それぞれ受けもちの先生からお聞きになっていることと思いますので、わたくしからお話する考えは、少しも無かったのであります。ところが前の週に話のすんだ後で校長先生から「この次にはできたら学校における心得についても、お話いただけたら有りがたいですが――」と申されましたので、わたくし自身どうかとも思いますが、ひとつ学校生活の心得の二・三について申してみることにいたしましょう。

もっとも、こうはいってもわたくしは、ご存じのように、現在学校に勤めているわけではありませんので、以下わたくしの申す事がらが、どのていど皆さん方にたいして、また学校全体の上から見て、大事であるかどうか、よくは分かりかねますが、しかし学校生活のきまりがよく守られて、学校全体が正しい軌道に乗るためには、やはりあるていどの効果はあろうかとも思うしだいです。

では、このような立場から考えて、第一に皆さん方に守っていただきたいことは何かというと、それはやはり「朝のあいさつ」ということです。つまり皆さん方が、毎日学校へこられる場合に、何よりも先に大事なことは、やはり朝のあいさつだと思うのであります。つまり校長先生をはじめ全校の先生がた、および自分の学級のお友だちにたいして、朝のあいさつをするのは、当然のことですが、さらに自分のクラス以外の生徒の間でも、とくに同じ学年の人には、できるだけあいさつをするようにしていただきたいと思います。そしてそれがどの程度よく行われているかどうかによって、わたくしには、その学校の教育のていどが伺えるように思われるのであります。

わたくしのように、こうして広く全国いたるところの学校からまねかれて、先生方や生徒さんたちにお話しているものには、朝その学校に近づいて、生徒さんたちに出あい、そこから校門を入って玄関まで行くころには、もうその学校の教育が、どの程度かということが、まるで匂いでもかぐように、しぜんと見当がつくのであります。では、どういう点でそれが分かるかと申しますと、それは今も申すように、生徒さんたちのあいさつのしかたに注意していますと、大たいの見当《けんとう》は狂《くる》わぬといってよいのであります。

では、そのつぎに大事なことは何でしょうか。もしこのようにたずねられたとしたら、わたくしとしてカをこめて申したいのは、「クツ箱にクツを入れるさい、すべての人のクツのかかとがキチンと一直線にそろうように入れて下さい」ということです。それというのも、それによって皆さん方の心のしまりがつくからであります。先ほど来申すように、わたくしは、ひろく全国各地の学校をたずねていますが、その学校の教育がどの程度かということは、ホンの二・三秒で大たいの見当はつくのであります。ではどうしてそれが分かるかと申しますと、それは全校のクツ箱の前に立って、クツのかかとのそろい加減を一目見れば、それでよいわけです。ですから一分とはかからぬどころか、五秒もかからないほどです。そしてそれは、その後その学校の授業を見せていただいたり、あるいは掃除のようすを見たりしても、最初に見たクツ箱のクツのかかとのそろい加減から受けた印象と、不思議なほどピタリと合うのでありまして、これはわれながら驚くほどによく当たるのであります。それゆえわたくしは、こうして皆さん方のような生徒さんたちに、話す場合にも、また先生方にお話する場合にも、必ずこのことを申すことにしているのであります。それというのも、これが一つの学校を正しい軌道に乗せる上で、一ばん大事な秘訣《ひけつ》であり、極意《ごくい》といってよいからであります。

では、一歩をすすめて、このようにクツのかかとをそろえるということが、何ゆえそんなに大事なことなのでしょうか。そこで考えてみますと、そこには大たい二つの理由があるようであります。それは先に、人間としての軌道に乗るためには、ハキモノをそろえることが如何に大切かということを申したでしょう。つまりハキモノがそろうということは、その人がだらしのない人間でなくて、しっかりしたしまりのある人間だということのしょうこだからであります。

同様に学校のばあいでも、全校の生徒さんのクツのかかとがキチンと、まるで定規《じょうぎ》でも当てたように、一直線にならんでいるということは、つまりその学校の生徒さんのすべてが、シャンとした性根《しょうね》の入った人たちがそろっているということだからであります。もっとも、こう申したからといっても、その学校の生徒さんのすべてが、理想的な人間ばかりだというわけではないでしょう。しかしながら、少なくともそれぞれの人の心に底が入っていて、ある程度しまりがあり、性根《しょうね》があるということだけは、ハッキリということができましょう。

実さい一つの学校において、全校の生徒が一人の例外もなく、クツのかかとがそろうようになるということは、かならずしも容易なことではありません。何となれば、果物《くだもの》などでもそうですが、果物が百個送られてきた場合、大部分の果物はリッパでも、そのうちの二つか三つは、どういうわけか痛《いた》んでいるものであります。そしてこのことは、われわれ人間の場合にも、ある程度あてはまる真理であります。

そこで、どういうことになるかと申しますと、全校の生徒のクツのかかとが、一人の例外もなくみなキチンとそろうということが、いかに容易ならぬことかということが、皆さん方にだってお分かりになるでしょう。つまりその学校には、もはやどうにも手がつけられぬというような生徒は、一人もないようになったということだからであって、これは実に驚くべきことと言ってよいでしょう。しかし教育の「道場」としては、元来どの学校もみなこうなくてはならぬはずであります。

そこで、ついでに申しますが、ではどうしたらそういうリッパな学校になるかと申しますと、どんなにリッパな学校でも、いっきょに全校の生徒のクツのかかとが、キチンと一直線にそろうというわけにはゆかないでしょう。そこで、最初まず手はじめとしては、ひとつの学級を単位として考えるほかないでしょう。ですから、受けもちの先生がリッパな方で、そのためにクラスの全員が「ひとつわれわれのクラスがこの点ではトップになろうや」と、みんなが心を合わせて努力するのです。しかしそういう申し合わせはしてみても、何十人かの人がその翌日から、一人の例外もなくそれを守るとはいえませんから、最初のうちは、クラスのうち心ある人たちが、そろっていない人のクツをそろえてあげるほかないのです。そして自分の組が全員そろうようになったら、つぎにはおとなりの組の人のも、時には直してあげるというぐあいに、順にこういう心がけの人が多くなってこなければ、全校のクツのかかとが、一人残らずリッパにそろうというようにはならないのであります。

以上わたくしは、一つの学校が軌道《きどう》に乗るには、一体どういうことが大切かということを考えて、まず㈠朝のあいさつと㈡全校のクツのかかとのそろうことについて申したわけですが、では第三にはどういうことが大事かと申しますと、それは教室で先生の質問にたいして手を上げるさい、しっかりと手を上げるということであります。ではどういうのが、しっかりした手の上げ方かと申しますと、それには①まず五本のゆびをキチンとそろえて、真っ直ぐにのばすこと。つぎには②うでを真っ直ぐに上げること、そうしてもう一つは③できるだけ速く、すなわち敏速に上げるということです。ところが全国各地の学校を見ていますが、クツのかかとのそろっている処も少なければ、また手の上げ方が、今申したように、一人残らずスッキリ上がるという学校も、きわめて少ないのであります。しかしそれでは、その学校は、まだ真の軌道に乗ったとはいえないかと思うのであります。

さて以上三つの事がらが、リッパに出来るようになりますと、そのつぎは、④先生に呼ばれたら、ハッキリ返事ができるようになり、また⑤席から起ち上がったら、腰かけを入れるというようなことも出来るようになりましょう。同時にこの辺まで来ますと、かなりリッパな学校といってよいと思います。これでもお分かりのように、人間は人から呼ばれたら、それが家であろうと、学校であろうと、さらには社会に出てからにしても、つねにハッキリと、さわやかな返事ができるようになるということが、人間として一つの大事な土台石になるといってよいでしょう。

では、以上申したような色いろなことが、あら方できるようになったとしたら、その学校はもう理想の学校といえるかと申しますと、そうとうリッパな学校とはいえても、「理想の学校」というには、もう一つの事がらが守られていなければならぬと思うのであります。ではそのような最後の一つは一たい何かと申しますと、それは全校の生徒が一人もローカを走らぬということであります。そしてこれが守れたら、もうその他のことは一々申さなくても、わたくしは、まず「理想の学校」といってよいかと思うのであります。つまりローカを走らないということは、それほどむずかしいことなのであります。

では、どうしてそんなにむずかしいかと申しますと、それはクツのかかとの場合は、クツ箱に入れるさいに、一度キチンとそろえておけば、一日中それですみますが、ローカとなるとそうはいかないからであります。つまり便所への行き帰りや、教室への行き帰りをはじめとして、一日に何度ローカを行き来しなければならぬか分かりません。その上クツのかかとの場合には、かりに二、三人ふぞろいの人がありましても、前に申したように、心ある人がそれを直しておくことができますが、ローカとなりますと、友だちがそれを直してやるということが出来ないのであります。その上にあの細長いローカを通っていると、つい走りたくなる心理は、わたくしにも分からぬわけではありません。しかしながら、この点が一人残らず守れるようにならない以上、わたくしにはまだ「理想の学校」とは言えないと思うのであります。とくに最近のように、交通禍がひどくなった時代には、このローカを走らぬということは、学校としても、もっとも大事なきまりといってよいでしょう。

（先生いつものように板書をキレイに消された上、一礼されて、校長先生としずかに退場された。）

第七講――人間の三段階

今日も道服姿の名児耶先生をお迎えしたが、生徒たちとの間にも、しだいに親しみの気もちがわいて来たようである。そして題目を見てはみんなが、今日は一たいどんな話をされるかと、好奇心をもつようになって来たようである。先生はいつものように

「サア皆さん!! これまで紹介してきた一茶の句七つ言えますか」といわれて、数名のものが立って暗誦する。そしてそれを先生は、眼をとじてじっと聞いていられたが、いかにも満足そうに見えた。そして「では、今日はもう一句加えることにいたします。それはどういう句かといいますと、

是《これ》がまあつひの栖《すみか》か雪五尺

という句です。これは一茶が文化九年の十一月、わかいころから何十年という永い間住んでいた江戸を引きはらって、信州の故里《ふるさと》に永住する決心をして帰って来たときの感慨をよんだ句として有名な句ですが、そういわれますと、やはり一茶の無量の感慨が分かるような気がいたします。この時一茶はちょうど五十才であり、また一茶がこの句をつくってから、すでに百五十年以上もたっていますが、そして又字の数からいってわずか十七文字に過ぎませんが、しかも惻々《そくそく》として読むものの胸にしみ入るでしょう。これはけっきょく俳句というものが、わが日本民族の伝統的な芸術の一つとしてもっている不思議な力でありまして、今さらのように驚かされるのであります。

もちろんそれには、一茶という独特な個性をもった一人の人間によって生み出された句だからで

ありますが、同時にわたくしたちは、こうした処にも芸術の永遠性を思わずにはいられないのであります。その時代にも、一茶など、逆立ちしても及びもつかない大金持ちや、また威張っていた役人などがたくさんいたはずですが、しかしそういう人びとは、名前さえみな消え失せているのに、金のことでは一生貧乏で苦労した一茶の句が、こうして永遠に生きているわけであります。

さて前回には、わたくしは「学校生活のきまり——二つ三つ——」と題して、皆さん方に、まい日の学校生活において守っていただけたらと思う二、三の事がらについてお話したのであります。ところが今、みなさん方にお話するために、この講堂へくる途中、全校の生徒さんたちのクツ箱の前を通りましたが、気のせいか、これまで見たよりは、大分よくそろっているように思われたのであります。このように、わずか一度お話した事がらが、その後すぐに実行され出して、一つ一つのクラスから、しだいに学校全体がリッパになってゆくということは、わたくしとしては、この世で一ばんうれしく、かつかたじけないことであります。

この前も申したように、わたくしには妻子はありませんし、また食事も玄米菜食でしごく簡単であります。また今住んでいる処も、京都の郊外にある古いお寺の一室を借りているわけですし、また持ち物といっても、多少の書物の他には、ほとんどこれというほどの物は、何ひとつないのであります。そして今着ているこの道服も、親しい方からのいただき物というわけです。ですから、現在のわたくしにとって何が楽しいかといわれれば、こうして全国各地の心の通う方々からお招きをいただいて、年に一どお会いしておたがいに話し合うこと、およびその途中で見る日本の自然の美しさですが、しかしこのほうは、近ごろはやりの宅地造成や観光ブームなどで、ひじょうに荒れ出してきたのは、まことに取り返えしのつかぬ残念なことであります。しかし、それにもかかわらず喜ばしいのは、先ほども申すように、わたくしのお話したことが、心ある方がたによって、しだいに実行されつつあるということであります。

さて前おきが少々長くなりましたが、おたがい人間というものは、一人びとり、みなその顔の違っているように、その性質というか、気立てもすべて違っていて、一人として同じ人間はないはずであります。それゆえ、おたがい人間は、もしその人が本当にまじめになって真剣に努力すれば、本来優劣《ゆうれつ》というものはないはずであります。たとえて申しますと、みなさんは椿《つばき》という植物を知っているでしょう。ところがあの椿にも、実は何百種というほどたくさんの種類があるそうであります。わたくしは去年の秋の末に、戦前愛媛県の田舎《いなか》で大地主だった人の家をたずねましたが、その人は椿が好きで、庭の一部に何十種というほどの沢山のめずらしい種類の椿が植わっていましたが、しかしイザ床の間に活《い》けるとなると、そのうちで一番見すぼらしいやぶ椿でないと落ちつかないのであります。つまり、そうでないと、じきに倦《あ》きがくるのであります。

同じように、おたがい人間も、それぞれ真面目《まじめ》に真剣に生きたら、それぞれその人独特のもち味というか特色が出てきて、その間に容易に優劣をつけるわけにいかないのであります。そこで広く世の中を見ていて、もし人間に優劣があるとしたら、それは㈠その人が真剣に、自分のありたけの力を出し切っているか、㈡それとも見る人の側《がわ》で、世間的な名誉とか財産などを基準にして人間を見て、その人のもっている真の人間的なねうちを見ているか、そのどちらかだろうと思うのであります。

ですから、われわれ人間はできるだけ真面目《まじめ》に、いつも自分の全力を出して物ごとに取り組まねばならぬのであります。ところが、人間というものは、その取り組み方のいかんによって、何事についても、つねに上・中・下の三段階に分かれるものであります。たとえば、この前申したクツのかかとについて申してみましても、下というのは、あれだけ話を聞いても、その日からそれを守ろうとしない人であります。つまりそういう人は、どんなにリッパな話を聞いても、聞かないのとまったく同じというわけです。いな時には聞かなかったほうが、まだしもましという人さえないわけではありません。それはどういう場合かと申しますと、自分には守らないでいながら、それによって人の悪口をいう人間であります。

さて話を元にもどして、クツのかかとをそろえるという点から申しますと、話を聞いていながら、かかとがそろわないという人は、どうしても「下」というほか無いでしょう。では「中」の人間とはどういう人かと申しますと、これまでクツのかかとをそろえることが、そんなに大事なこととは知らなかったために、いいころかげんにしていたが、一たんその話を聞いた以上、その翌日からしっかり守るようになる人であります。では「上」の人とは、一体どういう人かと申しますと、前にもちょっと申しましたが、ひとり自分のクツばかりでなく、時には他人《ひと》のクツまで直しておくという心がけの人でありまして、ここまで来てはじめて「上」の人といえるでありましょう。

このように、われわれ人間は、その人がどれほどまじめに仕事に取り組むかということによって、その人の人間としてのネウチが、つねに上・中・下の三段階に分かれるのであります。それゆえわれわれ人間は、自分に対して、この場合自分は上か中か、それとも下の部になるかと、つねに反省する必要があるのであります。

もっとも、このさい注意を要することは、もちろんはじめから人間自身に、上中下の違いがあるわけではありません。ただ一つ一つの事がらに取り組むさいに、その人の真面目さというか、真剣さのいかんによって、その場その場で、上中下のいずれかになるというわけであります。ですから面白いことには、Aの事がらについては上だった人でも、Bの事では中という場合もありましょうし、またCの事がらに関しては下だった人でも、Dについては中や上になるということも大いにありうるわけであります。それというのも、この上中下という区別は、その人の態度というか、真面目さについていうのでありまして、けっしてその人の生まれつきによるものではないからであります。

しかしながら、今も申すように、この問題はその人の真面目さとか、真剣さの問題でありますから、その人が一つの事にたいして真面目になると、他の事がらにたいしても、しぜんにまじめになるということは、大いにありうることであります。ですからクツのかかとがいつもリッパにそろうようになりますと、やがてまた手の上げ方もリッパになるというわけであります。

そこで今日わたくしの申したいことは、このような人間の三段階というものは、たとえば皆さんの勉強の仕方の上にも、見られると思うのであります。では勉強という上から見る時、どういう三段階ができるかと申しますと、この場合下の人というのは、その日先生から出された宿題さえ、キチンとやっていかない人でありまして、こういう人は、生徒としてはもちろん、やがて世の中に出てからも、そういう態度を根本的に改めないかぎり、けっきょくは世間の落伍者《らくごしゃ》となるわけであります。

では勉強において中というのは、どういう人かと申しますと、たとえば宿題が出されたら、少なくとも出された宿題だけは必ずやってゆくが、それ以上の勉強をしようとはしない人でありまして、こういう人は、勉強という点では、中の人といってよいでしょう。

では上というのは、どうかと申しますと、その日出された宿題をやることはもちろん、宿題がすんだからといって、もう後は遊んでしまわないで、さらにその日教わった処を復習するとか、あるいは又自分の好きな本を読むというわけで、ここまで来てはじめて上の部といえましょう。このように人間というものは、人から言いつけられたことしかしないというようでは、どうも大した人間にはなれないといってよいでしょう。

では、それは一たい何ゆえかと申しますと、人から言いつかったことしかしないという人は、どうも積極性が欠けているといってよいからであります。ところが、積極性が欠けているというにも、実は二つのタイプがあるようであります。そのうち一つは、その人のエネルギーがもうひとつ足りないという場合であり、もう一つの場合は、その人に真のまじめさが、もうひとつ不足しているという、ふたつの場合があるかと思います。ところがそのいずれにしましても、もちろん人間として、悪いとはいえないにしても、欲《よく》をいえば、もうひと息というわけであります。

しかしこの際、大事なことは、以上申してきた人間の三段階というものは、けっしてその人の生まれつきではなくて、前にも申すように、その人がどこまで真剣に物事に取りくむかどうか、ということから生じる違いであります。ですからその人の決心しだいで、これまで下だった人が中になったり、また中だった人が上になったりするようなことは、ザラにあるわけであります。げんに、皆さん方にしても、今日何か宿題が出されているとして、これまでは時どき宿題をやらずに平気で学校へ出かけていた人でも、今日この話を聞かれて、「せめて宿題だけは、これからは必ずしてゆこう」と決心してやりだしたとなったら、その人は下から中の段階に進むわけですし、またこれまで宿題だけは、イヤイヤながらしてきたが、しかしそれ以外の勉強はしなかったという人でも、今日わたくしのこの話によって、宿題をすましたあと、ついでに少し明日の予習をしようと決心してやり出したとしたら、中から上の部に入るわけであります。

以上によっても分かるように、われわれ人間というものは、その人の決心しだいで、良くもなったりダメにもなったりするものであります。そこでまた人間というものは、その人がどこまで決心するか否かということが、その人の人間としてのネウチを決めるわけであります。またあなた方の読まれる本などにしても、その本を読んだことによって、何か決心させられるような本でしたら、それは良い本であり、リッパな本だといえましょう。あるいはまた皆さん方のお友だちにしても、これまで自分は途中でやめていたようなことも、その人に会うと、どうしてもやらずにいられなくなるようなお友だちは、同じ友だち仲間であっても、実は自分よりもすぐれた人といってよいでしょう。

このように、われわれ人間の中には、みないのちのローソクともいうべきものがあるわけで、そうしたいのちのローソクに火をつけることを、ふつうには「決心」とか「覚悟」とか言っているのであります。先にお話した「甘え心をすてる」ということなども、実はこのようにいのちのローソクに火をつけることといってもよいわけであります。では今日はこれまで――

（先生は、いつものように板書をキレイに消されてから静かに壇をおりられ、校長先生と共に退場された。）

第八講——物事をつづける工夫《くふう》

名児耶承道先生は、今日も道服すがたで校長先生のご案内でおいでになり、一礼ののち、きょうの題目をお書きになられた。そして例により一茶の俳句八つを、数人のものに暗誦させられた。近ごろでは、もうみんなが楽にいえるようになって、学校以外の処でも、自由に暗誦できるようになったようである。

そこで先生は、「では今日はもう二つご紹介することにいたしましょう。それは――、

目出度さも中位《くらい》なりおらが春

ともかくもあなた任《まか》せの年の暮

という二つです。このうち前の句は「人間というものは、上を見ればきりがなく、また下を見ても切りがないが、マアわが家は、そのうちで中くらいの目出度さだろう」という気もちを読んだものでしょう。

ところがその後、可愛がっていたさとという女の子に死なれたので、一茶はこの前にご紹介した、「露の世は露の世ながらさりながら」という一句をよんで歎き悲しんだのでしたが、やがて、それも越えて、けっきょくこの世における人間の運命は、仏様におまかせする他ないという心境に達したのであります。そしてそのような心境をよんだのが、あとの句、すなわち「ともかくもあなた任せの年の暮」という句になったわけであります。

これで、皆さん方にご紹介した一茶の句は、みなで十になりましたので、もうこれ以上のご紹介は止めて、これからはこの十句を、いつでも、どこでも、だれ一人言えない人のないように、暗誦していただくようにしたいと思います。ですからこの次までに、すべての人がぜんぶ暗誦できるようにして下さい。

さて、前の週にはわたくしは、「人間における三つの段階」という題で、われわれ人間というものは、その人の考え方ひとつで、下の段階から中にもなれるし、またその人の決心しだいでは、上の段階にもなれるということを、色いろと実例をあげてお話したしだいでした。しかもそのばあい大事なことは、人間そのものには、最初からそういう違いがあるわけでは全然なく、ただその時その場における、その人の決心しだいで、下から中へ、また中から上へと、自由にうつり変わることの出来るものだということを申したのであります。そして人間がそのように、移りかわるのは、けっきょくは、その人の決心しだいというわけであります。したがって、われわれ人間のネウチというものは、その人が大切な事がらにたいして、どれほど決心し努力することができるかどうかによって、決まるといえるのであります。そしてそのことをわたくしは、前回には「いのちのローソクに火をつける」というたとえで申しましたが、今日はもうひとつ他のたとえで申してみますと、われわれが決心するというのは、ちょうど電気のモーターにスイッチを入れるようなものだといってもよいでしょう。つまりスイッチを入れなくても、電気はそこまで来ているわけですが、しかしスイッチを入れなければ、モーターの回転は始まらないの

であります して、それはわれわれ人間が物事の「決心」をする場合と、大へんよく似《に》ているのであります。

さてここでは、われわれ人間が決心するのと、電気モーターにスイッチを入れるのとは、大へんよく似ているわけですが、しかしそれから後のことを考えますと、モーターにスイッチを入れるのと、人間の決心とは、どうも違ってくるのであります。そしてこの点こそわたくしには、ひじょうに大事な点と思われるのであります。ではそれは一たいどういうことでしょうか。

それについて、電気のモーターにスイッチを入れるという場合には、一どスイッチを入れますと、停電にでもならないかぎり、何時間たっても、モーターはその回転を止めません。ですからわれわれは、一おう安心していられるのであります。ところが、われわれ人間の場合にはどうでしょう。一たん決心したからといって、けっして安心はできないのであります。なるほど、決心した直後とうぶんの間は、ひじょうに興奮《こうふん》して、この調子だったら、まず大丈夫だろうと思っていましても、その後しばらくしますと、いつの間にやらその時の興奮や決心が消え失《う》せて、ケロリとしてすましているなどということは、しょっちゅうで、何ら不思議でないどころか、珍しいことでさえないのであります。否《いな》それどころか、われわれ人間の場合には、一ど決心して始めたことが、その後も中断しないで長くつづくことのほうが、むしろ少ないといってよいのであります。

そこで問題となるのは、このような違いは、一たいどうして起きるかということであります。つまり電気モーターのほうでは、一どスイッチを入れさえすれば、停電にでもならないかぎり、モーターはいつまでもその回転を止めないのに、われわれ人間の場合には、その時はひじょうに興奮《こうふん》して「ぼくもこれだけはゼッタイにやり抜くぞ‼」などと大言壮語しておきながら、百日どころか、ひと月もたたないうちに、もう棒を折ってしまう人が少なくないのであります。

ではどうして、モーターのスイッチと人間の決心とは、そんなに違うかと申しますと、モーターのほうは機械ですから、一どスイッチを入れさえすれば、停電でもないかぎり、止まるということはないわけです。その代わりに、万一停電になったとなると、もうまったくのお手上げでどうにもなりません。

ところが人間のほうは、決心したといっても、当てにならぬ場合が少なくありませんが、その代わりに、もしその人がほんとうに決心したのでしたら、こんどはモーターみたいに停電というような心配はなく、最後までやり抜いて、必ず仕上げるのであります。そのうえモーターの場合ですと、かなり優秀な品でも、ある年数がたてば古くなって使えなくなりますが、人間の場合にはそういうことはなくて、その人の生きているかぎりは、つづくどころか、時にはその人の子どもの代になってさえ、親の遺志が、子に引きつがれる場合さえあるのであります。

このように、人間のばあいには、ほんとうの決心ができれば、機械以上に永くつづくばかりか、その決心は、一つのことだけに限らず、その人のやろうとする他の色いろな事にも応用が利《き》くようになるのであります。そこでわれわれ人間としては、一たん決心した以上、何とかしてそれが長つづきするように工夫する必要があるわけであります。そして人から「何しろあいつは三日坊主なんだから―」などといわれるような人間にならぬ心がけが大切でしょう。

そこでここには、そういう工夫《くふう》のこつについて、お話してみようと思いますが、それはわれわれが決心して一つの事を始めたばあい、最初の目当てとしては、最低まず三日間ガンバルのです。そして三日間つづけられたら、つぎにはもう後四日間ガンバルのです。すると合せて一週間になりましょう。こうして一週間無事《ぶじ》にやり通せたら、今度はそのあともう三日つづけるのです。すると最初から数えますと十日間つづいたことになるわけで、多少は自信がつきかけましょう。こうして十日間つづいたら、つぎはもう五日間つづけるんです。そうしますと、合せて半月つづいたということになりましょう。そこでそのあともう五日間つづけますと、こんどは二十日間つづいたことになるわけですが、同時にここまでガンバリますと、大ぶん自信がついて来ますから、つづけてもう十日ガンバルのです。そうしますと、合せて一カ月間やり抜いたというわけで、大した自信ができましょう。

そこで一カ月つづいたら、次にはそれを土台にして、もう一カ月つづけるのです。すると二カ月やり抜いたことになりましょう。そして二カ月つづいたら、その後もうひと月と十日つづけると、最初はじめてから、ちょうど丸百日間つづいたわけでありまして、ここまでやり抜くと、人間としてかなりしっかりした足場ができたといえましょう。

このように、人間も一つの事を百日間ガンバリぬきますと、確実な足場ができるわけですから、それから後は大へん楽になるわけです。そこで次の目標としては半年ですが、もうここまで来ますと、半年という大きな目標も大して問題ではなくなります。そして半年無事につづけられたら、もうあと半年つづけて一年つづけることさえ楽にやれるようになりましょう。では一年つづいたら次の目標はどうかと申しますと、こんどは三年ですが、しかしここまで来ますと、もう大へん楽になります。というのは、丸一年つづいた人にとっては、三年といっても、もう後一年ずつ二度つづければよいからであります。つまりもう一年やれば二年になりますから、二年から三年へは、あと一年ですむわけです。同時にもうこの辺になりますと、一年くらいつづけるのは、まるで飛び石でもとぶように、大へん楽になり、いな一種の楽しみにさえなりましょう。

ところが物事を始めて丸三年つづいた人は、その後はよほどのことがないかぎり、まずは大丈夫といってよいでしょう。それというのも、三年間つづいたら、次の目標は五年ですが、しかし五年といっても、三年のつぎに一年ともう一年やれば五年になるからです。そのうえ、この辺までつづきますと、もう半ば習性になりますから、大へん楽になるわけです。そして五年の次は十年ですが、しかしこれも五年つづいたら、次の中間目標の七年へは、あと二年で、それこそアッという間です。それゆえ十年といっても、その後もう三年つづければよいわけで、これもまた楽なことであります。

どうです皆さん‼おもしろいやり方でしょう。もっとも現在の皆さんたちの中には、こういう考え方で物事をつづけている人は、まずはあるまいと思いますが、しかしそれは皆さん方の年ごろではムリもない話です。でも皆さんたちも、もうこの辺から、ボツボツこういう物事の考え方というか、やり方ができるようになっていただきたいと思います。それというのも、ひとかどの人間になった人というものは、大ていは皆さん方くらいの年ごろから、ボツボツこういう考え方や、やり方をはじめた人が多いからであります。

と申しますのも、わたくしが一生で一ばんふかく尊敬しかつ教えられたのは、最初皆さん方へのごあいさつのさいにお話した、今は亡き有間香玄幽《ありまかげんゆう》先生ですが、しかし今わたくしが皆さん方にお話したような事がら、すなわち人間は、一たん決心した以上、必ずやりぬくという工夫《くふう》は、有間香先生を知ってから、先生によって教えられたというわけではありません。では誰から教わったかというと、それは他の人から教えられたのではなくて、わたくし自身が、自分で色いろと考えて工夫したのであります。では、こういうやり方を考え出したのは、一たい幾つくらいの年ごろだったかと申しますと、それがちょうど皆さん方くらいの年ごろだったのであります。それ故わたくしも、こんなに熱心に力を入れて、皆さん方にお話することができるのであります。

もっとも、念のために申しますが、わたくしが皆さん方くらいの年ごろで考えたのは、もちろん最初から十年もつづけようなどと考えたわけではありません。それはまだホンの子どもあがりの年ごろでしたから、そんなに長い年月のかかる事がらと取りくんだことはなかったわけです。

では、一たいどれくらいの期間だったかと申しますと、くわしいことは忘れましたが、たぶん一カ月からせいぜい百日くらいではなかったかと思います。あるいは半年から一年くらい取りくんだ場合も、時にはあったかとも思います。しかし大ていの場合は、まず百日といってよく、人間というものは、一つの事を決心して百日間やりぬきますと、それ以後は、先ほど申したように、おのずから道がひらけて、半年、一年とつづけられるものであります。

ですから皆さん方も、ひとつこの辺で決心して、これまでわたくしの申して来たことのうち、どれか一つ二つ、せいぜい三つくらいの事がらを、これから百日間つづけられるがよいと思います。そうしたら、必ずそれが皆さんたちの身につくことでしょう。そしてそれは先ほども申したように、その後半年、一年、いな三年・五年・十年とつづけられて、あなた方にとって、人間としてもっとも大事な土台となることを信じてうたがいません。では——

（先生、今日はとくに感慨ふかくお話になり、生徒たちにあたえた感銘《かんめい》も、ひとしおだった。）

第九講——腰骨を立て通そう

今日も道服すがたの名児耶先生をお迎えした。このごろでは生徒たちも、先生のお出でになるのを心待ちしているように見える。例により、今日の題目を書かれてから、一茶の句の暗誦をさせられたが、ほとんどの生徒が言えるようになった。

こころみに先生のご紹介になった一茶の句のすべてを次に書いてみると

1　我と来て遊べや親のない雀
2　雀の子そこのけそこのけお馬が通る
3　痩蛙《やせがえる》まけるな一茶これにあり
4　悠《ゆう》然として山を見る蛙《かわず》かな
5　やれ打つな蠅《はえ》が手をする足をする
6　這《は》へ笑へ二つになるぞけさからは
7　露《つゆ》の世は露の世ながらさりながら
8　是《これ》がまあつひの栖《すみか》か雪五尺
9　目出度《めでた》さも中位《くらい》なりおらが春
10　ともかくもあなた任《まか》せの年の暮

人間というものは、自分の好きな人の歌や俳句を、一人について十くらいは暗誦できるようにして、いつでも、どこでも、それらが自由に出て来るようになりますと、実に楽しいものであります。そうなると、たとえ年はとっても、心の中は豊かだろうと思います。そのように考えますので、あなた方に対しても、こうして今のうちから、そのタネまきの手はじめを——というわけです。

さて、前の週には、われわれ人間は、よいことを聞いたり読んだりしたら、できるだけそれを実行する決心をしなければならぬ。そして次には、その決心した事がらは、一たいどうしたらやり抜けるか、という工夫の仕方について話してみたしだいであります。それというのも、そういう工夫をしなければ、そのとき心の中ではいかに感心したとしても、けっきょくそれはその場かぎりのことにおわって、じきに忘れてしまうからであります。ですからわれわれ人間は、そういう場合、まず実行への決心をしなくてはなりません。そして実行は、すぐに始めなければダメでありまして、「マアそのうちに始めよう」などと考えている人で、後から始めるような人は、ほとんど無いと言ってよいでしょう。

ところがですね、それほど深く決心して、すぐに始めた人でも、実際にはなかなか続かない場合が少なくないのであります。いな、そういう場合が大方だといってよいほどでしょう。そこで前の週には、そういうことを防ぐには、一たいどうしたらよいかということについて、一つのやり方をお話してみたしだいです。それはこの程度なら自分にもまず守れるに違いないという目標を小刻みに立てて、それを順につみ重ねて、先へ先へと伸ばしてゆくというやり方ですが、これはなかなか利《き》き目のあるたしかなやり方だと思います。げんにわたくし自身も、あなた方くらいの年ごろにはこうしたやり方で、色いろな事がらと取り組んだものであります。

ところで、前の週に皆さん方にお話した「決心をつらぬく工夫《くふう》」は、その通りにやりますと、たしかに大きな効果がありますが、しかし実際問題となりますと、それだけではまだ十分とはいえない処があるようであります。それというのも、一たん決心した以上、かならずやり抜く人間になるということは、人間としてもっとも大事なことですから、そういう大事なことを身につけるということが、いかに困難かということは、あらためて申すまでもないことであります。そこでわたくしとしても、責任上、一たん決心した以上は、かならずやり抜く人間になるために必要な、もう一つの秘訣《ひけつ》についてお話する義務があると思うのであります。

では、それは一体どういうことかと申しますと、題目にも書いたように、「つねに腰骨を立てている人間になる」ということであります。ところが、このように申しても、皆さんがたには、一こうピンとはひびかないでしょう。しかしそれもまたムリからぬことだと思います。けれども、実際問題として、人間が一たん決心した以上、かならずやり抜く人間になるには、一ばん根本の心がけとしては、けっきょくこれ以外にはないと思うのであります。現に、かくいうわたくし自身も、ちょうど皆さん方と同じ年ごろに、この腰骨を立てるということを始めたのでありまして、ことしで二十五年以上もつづいているのであります。現在わたくしが、一たん決心した以上は途中でくじけずに、どうにか物事をやり抜ける人間になれたのは、ひとえにこの「腰骨を立てて来た」おかげだと思うのであります。

では一歩をすすめて、そのようにつねに腰骨を立てていたら、どうしてそんなに意志の強い人間になることができるのでしょうか。この点について説明することは、なかなかむずかしい問題でありまして、けっきょくそれは実行することによって、しだいに「ナルホド」とうなずけるような生きた真理であります。つまり実行しない人に、そのわけを分からすということは、実はできない相談であります。こう申しますとあなた方の中には、変に思う人もおありでしょうし、それもまたムリからぬこととは思います。しかしですね、もしここに砂糖というものを、まだ一度もなめたことのない人がいるとして、そういう人にたいして、砂糖のあまさというものを、ただ口で説明するだけで、相手に分からすことのできる人があるでしょうか。わたくしには、そういう力がないばかりか、そういうことのできる人は、まずは無かろうと思うのであります。

ということは、世の中の深い真理というものは、あるていど実際にやってみないことには、その真理のもつ深い意味は分からぬものだということであります。そして、それらのうち、この「腰骨を立てる」ということには、そういう深い真理が、一ばんふかく含まれているように思われるのであります。そしてその点では、むかしからすぐれた人びとの多くが、みなそのように考えて来ましたが、現にかくいうわたくし自身も、過ぎ去った二十五年以上の永い経験からして、全《まった》くその通りだと確信しているのであります。しかしながら、こう申しただけでは、皆さん方には、全く取りつく島もないでしょうから、何とか多少の説明はしなければならぬでしょう。

さてそれについて先ず申したいことは、このように「つねに腰骨を立てる」人間になるということは、むかしから心ある人びとによって深く信じられ、かつ実行せられて来たということであります。そしてこれを以って、人間のすぐれた鍛錬法として、とくに重んじてきたのが、すなわち坐禅というものであります。もっとも坐禅には、このようにつねに腰骨を立てるということ以外にも、大事な問題がないわけではありません。しかしこのように「つねに腰骨を立てる」ということは、坐禅においても、一ばん大事なことがらとして、むかしから非常に重んじられて来たのであります。

では、どうしてむかしから、そんなに腰骨を立てることが重んじられたかと申しますと、それはわれわれ人間というものは、躰《からだ》をシャンと立てていますと、心もしぜんにしっかりしてくるからであります。ですからわれわれ人間は、横になっていながら、「自分も何とかしてシャンとした人間になりたいのだが――」などと考えているより、まず起き上がって、躰をシャンと立て、とくに背骨を真っ直ぐに立てれば、心もしぜんにシャンとしてくるのであります。そればかりか、横になって寝ころんでいた人でも、「自分はいつまでもダラダラしていないで、このへんでひとつシャンとした人間にならねばならぬ――」などと考え出すと、いつの間にやらその人は、しぜんに起き上がって、背骨が真っ直ぐに立つようになるのでありまして、これは実に不思議なほどであります。しかしこのことは不思議なようでけっして不思議ではないのであります。それというのも、われわれ人間の心とからだとは　つねに一つになっていて離れないのが、本来のすがただからであります。そしてこのことを、むかしから「身・心相即《そうそく》の理」と呼んでいるのであります。

そこで、もしここに一人の人間がいるとして、その人はこれまで人間は何よりもまず背骨を立てねばならぬなどということは、一ども聞いたことはなかったが、わたくしのような人間に出会って、シャンとした人間になるには、何よりも先ず背骨、とくに腰骨をシャンと立てなくてはダメだと聞かされたとして、もしその人がその通りに守りつづけたとしたら、どういうことになるかと申しますと、いつの間にやら精神までがシャンとしてくるのであります。さきほども申したように、この真理は実際にやってみない人には、とうてい分かりっこないのであります。いな、それを永い間やり通すのでなければ、それのもつ真の意味とネウチは、十分には分からないのであります。

それゆえ、ひとつ皆さん方も、今日からこれを実行していただきたいと思います。そこでそのために、これから皆さん方の一人ひとりについて、腰骨はどのように立てたらよいかというこつを、実際に皆さんたちの腰のところへ手をあてて、実地にそのこつを伝授《でんじゅ》したいと思います。つまり事がら自身が、からだについての実行ですから、わたくしの方でも、ただ口で説明するだけでなくて、一々皆さんたちの腰骨に手を当てて、そのこつをご伝授するというわけです。(こういわれて先生は、まず黒板に腰骨の立った姿を図に書かれ)

サア皆さん!!こちらをよく見てごらんなさい。このように上半身は、そってはイケないのです。むしろ多少ネコ背でもよいくらいです。しかしその代わりに、下半身、とくに腰骨は、それとは反対にうんと前の方へ突き出すのです。

それにはまずみんなお尻《しり》をウンとうしろに突き出して下さい。(二、三人笑うものあり)そして次には腰骨を、反対にうんと前へ突き出して下さい。(といわれて先生は、両手に力を入れて切り結ぶように、にぎりこぶしで示される。)そして次には下腹のおへその下――ここを丹田《たんでん》といって、むかしからすぐれた人は、つねにここの力を抜かなかったといわれていますが、その丹田《たんでん》にも心もち力を入れて下さい。そうしますと、それまで肩のへんが多少気ばり気味だったのが、スカッと抜けて、その力が丹田に納《おさ》まるようになります。

では、これからわたくしが、皆さん方の一人一人の腰に手を当てて、こつをご伝授しますから、みなさんもそのつもりで、シャンと腰かけていて下さい。そしてわたくしの手が、皆さんの腰骨のへんへ当てやすいように、腰かけのうしろにもたれないで、少し前の方に腰かけて下さい。

(ここまで説明されてから、先生は、まずローカぞいの列から、順に一人びとりの生徒の腰骨に手を当ててみて「よろしい!!君はなかなかシャンとしているね」といわれるかと思うと、次には「何です!!男子たるものが、こんな屁《へ》っピリ腰なんかしていて――サア腰骨のここの処を、ウンと思い切り前のほうへ突き出すんですよ!!」「そう!!この調子この調子!!これで君も気もちがシャンとして来たでしょう」といった調子で、順に一人びとりの生徒の腰骨に手を当てて指導にあたられた。そうして最後の一人が終わると)

サアこれでひと廻りしたわけですね。そこで次には、皆さん方がわたくしの腰骨に一人一人手を当ててみて下さい。そして「ナルホド」とそのこつを会得《えとく》して下さい。(といわれて、先生は着ていた道服を脱《ぬ》がれてシャツ一枚になられた。そこで生徒一同は驚いて、まるでアッケにとられたようだった。すると先生は「サアさきの順序で、順に一人一人わたくしの処へきて、首のへんから背骨に手を当てて、順に下の方へなでてみて下さい。そしてわたくしの腰骨のところが、どんなに深く前の方へ突き出されているか、またその反対に、お尻のほうは、いかにうしろへ突き出ているかを、一人ひとり手を当ててよくなでてみて下さい。サアみんなでグズグズしないで、順に代わってなでてみて下さい」といわれて、生徒の一人一人は先生の背骨を、首のへんからお尻の下までなでてみて、その見事さに子どもながらみんなが驚いていた。そして生徒たちがすんでしまうと、こんどは校長先生及びわれわれ教師もおゆるしをいただいて、みんなが直接先生のからだに手を当ててみて、一同その見事さに驚いたのである。すなわち、平生道服を召されていても、先生の姿勢はいつもおリッパだと思っていたが、先ほど道服をおぬぎになり、シャツ一枚になられた時、そのお見事なのに今さらのようにみんなが驚いたが、今や直接手を当ててなでさせて頂くことによって、さらに、一だんと驚きの感を深くしたのであった。

（先生はわれわれ教師がおわると、やがて道服を召されて、一礼ののち「では今日はこれで――」とおっしゃって、校長先生と共にいつものように静かに退出された。）

第十講――人に親切な人間に

道服すがたの名児耶先生は、きょうも校長先生のご案内でご入場になり、一礼ののち、今日のテーマをお書きになった。

そして生徒たち一同にむかって、「一茶の句十句の暗誦は、もう一人残らずの人ができると思いますので、ひとつやっていただきましょう」といわれて「ではこの列の人、順にうしろへ言ってみて下さい」といわれる。すると皆が朗々《ろうろう》とみごとに暗誦ができたので「そう‼これは見事ですね。ではこれらの十句のうち、どれが一ばん好きかいってみて下さい」といわれた。

これも順に手を挙げさせて見たところ、一ばん多かったのは、「これがまあつひの栖《すみか》か雪五尺」であり、次に多かったのは「ともかくもあなた任《まか》せの年の暮」だったので、先生は、「皆さんたちはなかなか眼が高いですね。わたくしは、皆さんはもっと他の句、たとえば〝我と来て遊べや親のない雀〟だとか、〝雀の子そこのけそこのけお馬が通る〟などという類の句にたくさん手が上がるんじゃないかと思ったんですが、なかなかどうして、眼が高いですね」といって、いかにもというように会心《かいしん》の笑《え》みを浮かべられた。そして「こういうふうに、物の良《よ》し悪《あ》しのよく分かることを〝眼が高い〟という場合がありますから、お父さんや、お祖父さんなどの話に、よく気をつけていてごらんなさい」とおっしゃられた。

さて、これまで二回にわたってわたくしのお話したことは、いずれも、人間が一たん決心した以上は、かならずやりぬく人間になるための工夫といってよいわけです。そしてそのうち先にお話したのは、さしあたりまずやれそうな身近かな目標をもうけて、まずそこまでたどり着き、そしてそれに成功したら、また手近かなつぎの目標を立てて、そこまでガン張るというやり方をすれば、ふつうの人でも、しだいに物事をやりぬく人間になれる秘訣というか、そのこつについてお話したのでした。

ところが、これに対して、前回お話した「つねに腰骨を立て通す」ということは、人間として一ばん根本的な対策《たいさく》であり、いな、わたくしの考えでは、おそらくこれは、人間として一ばん大事な根本的な態度かと思うのであります。と申しますのも、これはひとり物事をやりぬく人間になる秘訣というだけでなくて、人間として一ばん大事な性根《しょうね》というか、根性《こんじょう》のある人間になる秘訣だからであります。いな、その上に、これは健康という上から考えましても、もっとも根本的な秘訣なのであります。前回にもちょっと申したかと思いますが、わたくしは十五の年からこれを始めて、ことしで二十五年以上にもなりますが、わたくしの今日ある一ばんの根本は、まったく「腰骨を立て通す」ということの一つのことから来ていると思うのであります。

現在、わたくしの考えでは、人間として一ばん大事なことは何かというと、それはこの「腰骨を立てる」ということと、もう一つは、「人にたいして親切な人間になる」ということだと思うのであります。もっともこれら二つの事がらは、人によってはわれわれ人間にとって、一ばん大事なことは、「一たん決心したことは、必ずやり抜く人間になる」ということと、今一つが「人に親切な人間になる」というこの二つだと考える人もおありでしょう。

さてこのように申しますと、人によっては「たったこうした二つの事だけでよいのだろうか」と、思われる人が多いでしょう。もちろんわたくしとても、これら二つのこと以外にも、人間として大事なことはたくさんあって、それらを一々あげ出したら、まったく際限《さいげん》のないことだといってもよいでしょう。しかしわたくしの考えでは、だからといって、それらを一々ならべるよりも、それらをギリギリの処までしぼって行って、最後に残るものは何かということをハッキリさせることのほうが、実さいにはより大事ではないかと思うのであります。もっともそれを最後のギリギリのところまでつきつめれば、けっきょくそれは「誠《まこと》」とか「まごころ」ということになるともいえましょう。しかしここでは少し考える処がありますので、その一歩手前のところで、一おう立ち止《と》まりたいと思うのであります。そうしますと、それは結局二つの事がらとなるわけでありまして、その最後のひとつ手前のところに残る二つの事がらは何かと申しますと、それが先ほども申すように、㈠一たん決心した以上は、必ずやり抜く人間になるということと、もう一つは、きょうお話しようと思う㈡「人に対し親切な人間になる」ということだと思うのであります。

では、われわれ人間として、色いろ大事なことがありながら、最後のギリギリ一つ手前のところまでしぼってゆくと、どうして以上の二つが残るのでしょうか。この点については、皆さん方にも、ひとつハッキリとつかんでいただきたいと思うのであります。

そこで、まずわたくし自身のこの点に関する考えを申してみますと、それは一おう次のようになるのであります。それというのが、第一の「いったん決心した以上、必ずやりぬく人間になる」ということは、われわれ人間が、自分自身にとって一ばん根本的に必要なことでありまして、もしこの一つが守られなかったとしたら、その人のすることは多くは中途半端《とば》なものになってしまって、リッパに仕上がるということが少ないからであります。ですからそういう人は、やがて社会へ出てからも、人びとが信用してくれないのであります。つまり「あの人間は〝やります〟といって引きうけても、当てにならん人間だ」という評判が立ってしまいますと、もう人間としての信用はゼロになり、かりに役所や会社などに勤めても、とかく永つづきがしないのであります。いわんや独立した場合には、このように世間の信用がなくなりますと、そのうちに店も立ってゆかなくなるわけであります。ですから、第一の「一たん決心した以上は、必ずやりぬく」ということは、われわれ人間が社会の一員として生きてゆく上で、いわば土台になる大事な事がらだといってよいでしょう。

では第二の「人に親切な人間になる」ということは、何ゆえそれとならんで大事なことなのでしょうか。もっとも、この点については、何もわたくしなどが説明しなくても、皆さん方のだれ一人として、それの分からぬ人はないでしょう。何となれば、われわれ人間は、自分一人だけで、この世に生きているのではないからであります。それどころか、われわれ人間は、多くの人びとの間に身をおいて、それらの人びととの関係なしには生きてゆけないのであります。たとえば皆さんたちが毎日食べているご飯のお米は、毎月米屋がとどけてくれるでしょうし、野菜や肉類は、お母さんが毎日市場へ出かけて、市場のお店から買ってこられるでしょう。また電気器具やおフロに故障でも起きれば、電気屋さんやガス会社の人がきて、すぐに直してもらえましょう。毎朝配達される新聞や牛乳などについては、今さら申すまでもないことです。

このように、この世の中というものは、けっきょく人と人との関係によって成り立っているのであります。ところで「親切」ということは、いわば機械のじゅんかつ油のようなものでありまして、もしこの「親切」というじゅんかつ油が切れますと、どんなに良い機械でもきしんで廻りが悪くなるのであります。そしてそれをいつまでも放《ほ》っておきますと、そのうちに機械は止まったり、はなはだしきは火を発するようにもなるのであります。そこでわれわれ人間としてのギリギリの心がけとしては、自分の為すべき仕事はかならず仕上げると共に、㈡自分の接する人びとには、つねに親切心を失わないように——ということでしょう。

ところで、これら二つの心がけのうち、㈠の「一たん決心した以上かならず仕上げる」ということについては、これまですでに二回にわたってお話しましたから、きょうは「人に親切な人間」になるには、一体どうしたらよいかという点について、すこしお話してみようと思います。

ところが、この点について、最初に申しておく必要があると思いますのは、われわれのする親切な行いというものを、一々例をあげてお話していたら、とうてい際限《さいげん》のないことであります。そこでこのさい大事なことは、それら多くの親切な行いのうち、何か一つ二つの事がらにしぼって、それだけはどんな場合にも、必ずやり抜くという心がまえが大切だと思うのであります。そうしますと、それら以外の「親切」な事がらも、しだいにやれるようになるからであります。

それはナゼかと申しますと、つまりそうした二つか三つの事がらだけは、かならず人に親切にするようにいたしますと、それによって、その他の色いろな親切な行いへの、いわば突破口が開かれて、それ以外の他の事がらについても、非常にやり良くなるわけであります。このようにわれわれ人間は、それぞれ良いことを身につけるためには、色いろと人知れず心をつかって、そのやり方について考えたり工夫したりするのであります。つまり人からリッパな人といわれるような人は、みなこのように人知れず工夫《くふう》しているのであります。

そこで、人様のことはよく分かりませんので、ひとつわたくし自身がこの点に関して、一たいどのような工夫をしているかをお話してみることにいたしましょう。それはごくカンタンなことでありまして、㈠ひとつは電車やバスなどに乗ったさい、もし子どもをおんぶしたり、抱《だ》いたりした女の人が乗りこんできた場合と、㈡もう一つは、足もとの不確かなお年よりの方が乗りこんでこられた場合には、かならず起って「サアどうぞ!!」と席をゆずることにしているのであります。そしてこの二つは、今から十年ほど前から始めたのですが、今日では完全に身について、ほとんど例外なく実行しているのであります。

ついでながら、こういう事がらの実行というものは、一たん決心した以上は必ず実行して、例外をつくってはダメだということであります。それというのも例外をつくりますと、ちょうどチューブに孔《あな》があいたようなもので、しだいにやれなくなりますから、一たん決心した以上は、必ずそれをやりぬくのです。そしてそれには、最初からあまり欲ばらないことです。欲ばりますと、どうしてもやれない場合ができて、ついダメになるからであります。同時に、こう考えてきますと、このように人に親切ということも、けっきょくは第一の心得の「一たん決心した以上は、かならずやりぬく」ということが、その根本になるわけであります。

　こういうわけで、わたくしは、電車やバスの中で本を読んでいましても、㈠子を抱《だ》いた女の人と、㈡足もとの不確かなお年よりの人が乗りこんで来られますと、パタッと本をふせてかならず起ち上がり、「サアどうぞ‼」と席をゆずることにしているわけですが、これを始めてからもう十年くらいになりましょうか。もし皆さんたちの年ごろから始められたら、わたくしくらいの年になられたら、この一つのことをやり抜《ぬ》くだけでも、かならずひとかどの人になられることでしょう。なおついでながら、人に席をゆずったら、いつまでもその人の前に起っていないで、少しわきへよけるとか、または向こうむきになるのがたしなみというものでしょう。でないと、せっかく席をゆずられても、その人は何か借金しているみたいで、きゅうくつな思いをされましょうから。

　以上が、現在わたくしが、「親切」ということで実行しているホンのささやかなことですが、皆さん方としても、考えたら色いろすることは見つかりましょう。たとえば同級の友だちが休んだら、学校の帰りに見まいにゆくということなども、その一つでしょうし、また四・五日もつづけて休んだような場合には、その間に進んだ勉強のことなどを話して上げることなどは、ほんとうに親切な人でないと、実さいには、なかなか出来ないことでしょう。あるいはまた同級生で入院でもした人のあった場合には、なるべく早く見舞《みま》いにゆくと同時に、もし入院が永引くような場合には、時どきハガキでよいからたよりを出すことなど、一々上げ出したらきりがありません。とくに自分一人が見舞いのたよりを出すだけでなく、時にはクラスの人びとに呼びかけて、見舞いの手紙を一しょにもってゆくことなども、大へん良いことだと思います。

同時に、最後に一つだけ、皆さん方にゼヒおすすめしたいと思うことは、皆さんたちはまだわかいのですから、乗り物にのったさいには、相手のいかんにかかわらず、できるだけ「席をゆずる」ように心がけていただきたいということです。もしあなた方のすべての人が、かりにこの一つだけでも守れたとしたら、もうそれだけでも、いっかどの人間になれるといってよいでしょう。実さい人間というものは、そういうものなんです。ではこの一つだけでもゼヒどうぞ——。

（先生一礼の後、校長先生としずかに退場された。）

第十一講——親しき友を

名児耶先生は、今日も道服姿でお見えになられた。窓の外に見える木々の緑の色も、しだいに深まってきた。先生は今日の「テーマ」を板書されてから、

これまでは一茶の俳句をご紹介しましたが、今日からは、ひとつ芭蕉の俳句をご紹介することに致しましょう。芭蕉と一茶とは、徳川時代の俳人の中では、一ばん人びとに多く親しまれていると思います。そのうち一茶のほうは、皆さんにも分かりが良かったと思いますが、芭蕉となるとそうはゆかないでしょう。「俳聖」といわれるほどの人の句ですから、その深い意味はよく分からないにしても、その句のもっている独特のリズムによって、芭蕉という人が、どういう気もちでそういう句をよんだかということは、ある程度お分かりになろうかと思います。それゆえ一茶の場合と同じように、ひとつ順に暗誦するようにしていただきましょう。（といわれて次の句を板書せられる）

古池や蛙《かわず》とびこむ水の音　　芭蕉

この句は大へん有名な句で、ある意味では芭蕉の代表作ともいわれるほどです。芭蕉はこの句によって、はじめて自己が確立したといわれていますが、ちょっと見ると何でもないような句でありながら、そこには永遠の閑《しずけ》さを一瞬のひらめきにおいてとらえているような趣《おもむき》がよく表わされていると思われます。はじめ「古池や」という上の句が決まらなかったとき、お弟子の一人が、「山吹や」としたらといったけれど、芭蕉はそれを取り上げずに「古池や」としたといわれますが、「山吹や」で

は単なる自然の姿に過ぎず、そこには何らの深味もないわけです。

さて前の週には、人としてもっとも大切なことを、かりに二つにしぼるとしたら、それは㈠つねに腰骨を立てつつ、一たん決心したことは必ずやりぬく人間になることと、もうひとつは㈡人に対して親切な人間になることだろうと申したのでした。実さいわれわれ人間の生き方も、ギリギリの処までしぼって行ったら、結局この二つになるともいえましょう。それというのも、この二つの事さえ守れたら、他のことがらも、しだいにそれぞれよく守れるようになるのではないかと思います。

たとえて申しますと、いつも腰骨はシャンと立てていながら、自分のせねばならぬ仕事のほうはなまけて、チャランポランにして平気だという人はないでしょうし、また人に親切な人間で、いつもウソをついたり、あるいはよく怒鳴ったりして、あたりのものが困るというようなことも、まずは無かろうと思うのであります。

そこであらためて考えられることは、われわれ人間は、何か一つ二つ、あるいはせいぜい三つくらいの事がらを、つねにそれと真剣に取り組んで守ってゆけば、それ以外のこともいつしか身についてきて、しぜんによく守れるようになるものだということであります。ところがこの二つの事は、このようにわれわれ人間にとっては、ひじょうに大事な事がらであるにもかかわらず、多くの人が案外《あんがい》気づいていないように思うのですが、いかがでしょう。

ところで、前の週には、「人に親切な人間になるように――」という点についてお話いたしましたので、今日はそれとの関係からして、「人は良い友だちを持たねばならぬ」ということについてお話してみたいと思います。それというのも、人に親切にするということは、「この人には親切にするが、あの人にたいしては親切にしない」というふうなことではなくて、毎日自分が接している人にたいしては、なるべく例外をつくらず、できるだけ親切にするように――ということだったのであります。

しかしながら、われわれ人間は、ひとりそれだけに止まらないで、さらに幾人かの友だちとは、とくに親しくまじわる必要があると思うのであります。つまり世間でいうところの「親友」をもつことが望ましいわけであります。では何故わたくしが、ここにこのようなことをいうかと申しますと、われわれ人間は生きているかぎり、広いこの社会でその一生を過ごすわけですが、しかしそうした広い社会の中でも、とくに親しく交わる人というものは、実さいにはそんなに多くはないのであります。そのうち、親や兄弟は「血」を分けた間がらですから、問題はおのずと違うわけですが、それらを別にしますと、この広い世の中でも、ほんとうに親しくつき合える人というものは、そんなに多くはないのであります。

もっとも上にのべたように、「血」をわけた親兄弟とか、さらには親しい親戚《しんせき》以外となりますと、われわれの交友関係というものは、人にもよりますがそんなに広くはない人が多いようです。普通には、もしその人がサラリーマンなら、その勤め先の人びととは、とうぜん親しくつきあうわけですが、しかし勤め先の人びととの関係というものは、いわば仕事の上での関係ですから、親友のように丸裸《まるはだか》でつきあえるというわけではありません。同様にまた、かりにその人がいわゆるサラリーマンでなくて、独立して仕事をしている人の場合にも、仕事の上で知り合う人は少なくないでしょうが、しかしその場合でも、事情は根本的にはほぼ同じといってよく、文字どおり素《す》っ裸《ぱだか》になってつき合えるというわけにはゆかないのであります。

ところが親友の間がらは、そうした種類の人間関係とは、ぜんぜん別でありまして、そこには何ら特別の心づかいというものを必要としないのであります。つまり何らの気づかいもいらず、おたがいに丸裸でつきあいのできる関係が、いわゆる親友とよばれる人間関係でありまして、これはこの世における色いろな人間関係の中でも、一種特別な味わいのふかい人間関係であります。したがってわれわれは、おたがいにこの点をよく考えて、これを大事にしなければならぬわけであります。

ところがふつうの人びとは、友人関係というものが、こんなに大事なものだと知っている人は、案外少ないのではないかと思うのです。そしてそれはけっきょく、友人というものの真のねうちを、一生を通してふかく考えている人が、案外少ないからではないかと思うのであります。そして友人というものが、このわれわれの人間生活において、いかに大事でかつ貴重なものかということに気づき出すのは、多くの場合、それは人生の晩年にさしかかって、親しい人びとがボツボツ亡くなりかけるころになってからではないかと思うのであります。

実さい、わかい間はとくに少年時代や青年時代には、おたがいに、友人というものは、かくべつ努力しなくても、自然に出来る場合が多いものですから、だれもそれがそんなに貴重なものとも考えずにいるわけです。そこで、おたがいにかくべつ努力というものをしないために、かなり親しかった友人でも、どちらか一方が親ごさんの転勤などで遠くの地へ去って行きますと、ついそのままになってしまうという場合が、少なくないのであります。同時にそうした状態がある程度つづきますと、もう相手の住所も分からなくなってしまって、突き止めようにも、方法がなくなってしまいがちであります。同時にこうしたことからして、心の中には、その友人の面影《おもかげ》は今も生きていながら、そして相手もこの狭い日本の国中にいながら、ついに一生逢えないでしまいがちであります。

では、このような悲劇は、一体どうして起きるかと申しますと、それは友人関係というものを、単に自然のままに委《まか》せておいて、一こうに努力しないからという他ないでしょう。つまり友人関係というものは、もともと自然にできたのだから、何もべつだん努力する必要はないというふうに、安易な態度でのぞんでいるからでしょう。そして大ていの人が、この点については、べつだんそれを不思議とも考えずにいるようですが、しかし人生の晩年になって、少ない友人たちにも順に死なれてゆき、生き残っている友人の数が少なくなってきますと、はじめて親しい友人というもののない人生が、いかに寂しいものかということが、心にしみて感じられるようになるのであります。しかしそれでは遠くおそ過ぎるのであります。

このことは、とくに女の人の場合には、一そう深刻ではないかと思います。つまり女性の場合には、色いろな事情のために、結婚後も友人関係をもちつづけるためには、男子とくらべて三倍も五倍もの努力を要するわけですが、それだけに女の人で、年とってから真に心の通う同性の友だちをもっているとしたら、そういう人の晩年というものは、いかに楽しくかつ豊かなものでしょう。しかしそういう人は、非常に少ないと申してよいでしょう。

以上のべて来たように、わたくしは友人関係というものを、永く持続するには、おたがいにある程度努めるところがなければならぬと申しましたが、ではそれは実さいには一体どのようなことをいうのでしょうか。その点について、まず根本的に大事なことは、交友関係を永くつづかせるためには、おたがい自分のつごうを第一にしないで、なるべく相手の立場を主として考えるということであります。こういうつもりになってさえ、人間というものは、ちょうど自分の顔は自分には見えないように、自分としては相手の立場を主にしたつもりでも、先方から見たら、やはりわが田に水を引くようなことになりがちなものであります。

このように考えて来ますと、皆さん方も、現在小・中学時代に知りあった友人の中には、こちらさえ努力をおこたらねば、一生その交わりのつづくような人も数人はあるはずであります。現在ではそうとも知らずに、時どき議論をしたり、時にはけんかとまではゆかなくても、はげしい議論をして、たがいにゆずらぬようであっても、やがて社会に出て、おたがいに一人前の人間になりますと、かえってそれが楽しい思い出のタネとなるのであります。

最後にわたくしは、近ごろでは、親しい友人の中でも、とくに「畏友《いゆう》」というコトバで呼ぶにふさわしいような独特な友人関係を、ふつうの友人関係とは区別して考えるようになったのであります。ではわたくしがここで「畏友」と呼ぶのは、一体どういう友人かと申しますと、それは双方《そうほう》が相手に対して、単に親愛の情だけでなくて、一種尊敬の念をもって交わる関係を、とくに「畏友」という名で区別しているわけであります。そしてわたくしの考えでは、この「畏友」という友人関係は、ある意味では、この世における人間関係の中で、もっとも貴いものではないかと思うのであります。もちろん親子、夫婦、兄弟及び師弟というような関係は、むかしから非常に大事な人間関係と考えられて来たことは、皆さん方にもお分かりでしょうが、しかしわたくしは、この「畏友」という関係も、それらとならんで、ある意味では劣《おと》らないほどに深い人間関係かと思うのであります。ですから「親しい友人をつくろう」という今日の講話を終えるにあたって、最後にわたくしは、皆さん方にたいして、ふつうの友人の中から、さらに少なくてよいですから、おたがいに尊敬し合えるような「畏友」を見つけられるようにおすすめして、今日の話を終ることにしたいと思います。

（先生、例により「板書」をキレイに消されたのち、一礼して壇を下りられ、校長先生と共に退場された。）

第十二講——男らしさ

名児耶先生、今日も道服姿でわれわれの前にお立ちになられた。心もち笑《え》みをふくんだ面《おも》もちで礼をなさるや、今日の題目をお書きになられ、さらに黒板の真ん中に次のような芭蕉の句を記された。

枯枝に烏のとまりたるや秋の暮　　芭　蕉

皆さんに暗誦して頂きたい俳句は、前週から芭蕉に入ったわけですね。一茶は暗誦句としては結局十句を選びましたので、芭蕉も同数の十句にしようと思いましたが、選びに選んだあげく、さいごの臨終の句といわれる「旅に病んで夢は枯野をかけ廻る」の一句を別として、けっきょく二十句選ぶことになりました。ですからつごう二十一句というわけです。このように、何千とある芭蕉の俳句の中から、二十一句を選ぶということは、わたくしにはずいぶん困難なことでした。

最初に、わたくしの好きな句ということで選んでみたら、何と五十句以上にもなりましたゆえ、それでは暗誦というわけには参りませんので、そこで鬼のような心になって削《けず》りにけずって、とうとう二十一句にまで煮つめたのです。そのために、わたくしの好きでたまらぬというような句も、ある程度削ることになりましたが、いたし方ないことだと思います。

ところでこの「枯枝に」の句の意味ですが、一部の人びとがいうほどに深くはないとしても、前の「古池や」の句と共に、一般によく知られていることゆえ捨てかねたしだいです。

さて今日の話は題目にも書いたように、「男らしさ」という問題についてお話してみたいと思います。こう申すと、あなた方の中には、こうした男女共学の学校で、男だけに向くような話をするのは、ちょっとおかしいと思われる人があるかも知れません。とくにそれは女の方々の中にありそうに思われます。しかしながらその点の心配はご無用です。というのも来週は、今日とは反対に、「女らしさ」という題でお話することにしているからです。

では男女共学のこの学校で、どうしてこのように男女別々の話を、しかも別々に時間をとってするかと申しますと、現在のこの男女共学という教育制度は、戦後アメリカ側から、半ば強制的に、いわゆる「六・三制」の学制が実施せられた際に、これも同時にはじまったわけでありまして、これには長所もあれば短所もあるとわたくしは思います。こう申すと皆さん方は、不思議に思われるかも知れませんが、しかしこの世の中に絶対的に良いこととか、絶対的に悪いということは、メッタにあるものではなくて、大ていの事がらというものは、長所もあれば短所もあるというものです。しかしそのうち、長所のほうも、それがどんな良いことでも、その度が過ぎれば短所になりますし、またそれとは反対に短所といわれる事がらでも、その程度が低ければ、それほどでもないというようなものです。

そこで今「男女共学」についても、もちろん長所もありましょうが、短所もけっして無いといえないと思います。そしてそういう短所の中で、もっとも根本的なものは、どうも「男女共学」では、とかく男子が女性化して意気地がなくなり、これに反して女子のほうは、どうも男っぽくなる傾向《けいこう》があるといわれています。これは今日みなさん方が、ちょっと町を歩いてみられても、すぐに感じられることでしよう。つまり近よってよく見ないことには、男やら女やら、遠方からでは見分けのつかぬような、変なわかい男女の少なくないことによっても、お分かりでしょう。

　もちろん、こうした現象も、これをたんに男女共学のせいだと考えるわけにはゆかないでしょう。しかし、何といっても「男女共学」がその根本を為していることは、争えないと思います。それと申すのも、こうした「男女共学」の教室では、わたくしのような人間ででもないと、この種の問題を取り上げ、それに対してズバリと切りこむという場合は、少ないのではないかと思うのです。つまり男に対してとも、女に対してとも、どっちつかずの、まるで空気や水みたいな話が多くて、それ以上ふかく立ち入った話を聞く機会が、比較的少ないだろうと思うのであります。

　では、前置きはこれくらいとして、「男子は男らしくなければならぬ」という場合、その「男らしさ」とは、一たいどのようなことをいうのでしょうか。これは一おうだれにもよく分かっていることのようでありながら、さて開きなおって「ではその〝男らしさ〟とは一たいどういうことか」とたずねられますと、多くの人が返答に困られるのではないでしょうか。そしてそれは、意外にも、当の男子のほうがよけいに分かっていないともいえましょう。そしてこうした点こそ、「男女共学」の弊がもっとも端的《たんてき》にあらわれているといえましょう。

　では、ひとつ女子の方におたずねしてみましょうか。「男らしさ」って、一たいどういうことなんでしょう。サア答えてみようと思う方は、ひとつ勇気を出して手を挙げてみて下さい。（すると、案外手を挙げている女生徒がある。それを又男の生徒が、半ば不思議そうにながめている。そこで先生が「ではあなた!!男らしさってどういうことだとお考えですか」とお尋ねになると、「わたし、男らしい人とは、たのもしい人だと思います」と答える。そこでもう一人に当てられると、「男らしい人とは、イザという場合、頼《たの》みになる人だと思います」と答える。先生一々うなずかれながら、「なるほど一々ごもっともですね」といわれる。そして一同に向かって)案外リッパな答えが出されましたね。ある意味では、そのものズバリで、もはやこれ以上いらぬことをいう必要がないともいえますね。

だが一歩を進めて、ではその「たのもしさ」とか「たのみになる」ということは、一たいどういうことかとなると、こんどは、そう簡単に一口では言いにくくなるのではないでしょうか。(一同「いかにも」とうなずくけはいが伺われる)そこでこんなに何百人という大ぜいのことですから、ひとつわたくしが皆さんに代わってこの点を考えてみることにいたしましょう。

さて、今答えられた「男らしい人」とは、たのもしい人間ということであり、イザという場合、たのみになる人ということは、たった一言でありながら、いかにもよく男らしさというものを言い表わしていると思いますね。

ところでこの場合、皆さん方は気づいていられるかどうか存じませんが、この「たのみになる」とか、いわんや「イザという場合たよりになる」というコトバは、実はそこに女性の立場が予想せられているということです。つまりこの場合、たよるのは女性の方だということです。そうではないでしょうか。(この不意うちのコトバに、満場シーンとして声なし)もちろん実際問題としては、時には男にたよられるという場合も、ないわけではないでしょう。つまり女だけが男に頼るとは言えないにしても、男女というものを根本的に考えますと、やはりたよるのは多くのばあい、女性のがわだといってよいでしょう。
そこで、どういうことになるかと申しますと、つまり男というものは、本来女からたよられるように出来ている、というわけでしょう。（一大爆笑）では何ゆえ女は男にたよらねばならぬのでしょうか。それはつまり女の人は、男よりもからだがキャシャにできていて、男ほどには力が強くないからでしょう。もちろん、こうは言っても、これは男女を大きく全体的にながめた立場からいうことで、今一人ひとりについていえば、もちろん男子より力のつよい女の人も決してないわけはないでしょう。（一同大笑）しかしそういう場合は例外で、一般的にはやはり男のほうが強くて、女の人からたよられるようにできているといってよいでしょう。ですからこういう処からも、「男女共学」というものには、どうも問題がないとは言えないと思うのであります。

そこで、それではどういう点で、男性は女性からたよられるのでしょうか。それは要するに男というものは、妻や子の生命および生活を守らねばならぬ必要からくることでしょう。つまり女性自身が、すでに男子より弱く生まれついている上に、女はいたいけな子どもをかかえていますから、どうしても男性にたよらざるをえないわけでありまして、ここからして、男らしさということが、何よりもたのもしさということになり、イザという場合、たよりになる人間ということになるわけでありましょう。

そこからして、次のような場合も出てくるのであります。それは頼るべき男性のなくなった場合、子どもを抱《かか》えた女性は、時には男子以上に強くなるということでありまして、この点については、いろいろな実例も多く、皆さん方の中にもそういう場合を知っている方もおありかと思うのです。つまり夫を亡くして、女手ひとつでわが子を育てている女性の中には、へたな男以上にしっかりした人が少なくないわけです。同時にこの点は、むかしから仔《こ》をつれている牝《めす》の動物は牡《おす》より強いとは、猟師たちの言いつたえて来たことなのです。

以上わたくしは、男らしさとは、たのもしい人間であり、イザという場合に、たのみになるような人間だと申しましたが、しかしそれは決して体力を主としていうわけではありません。なるほど動物の場合には、体力のつよさが根本ですが、人間の場合には、より以上に知力のはたらきが物をいうわけです。人間の社会では、もはや暴力が物をいわなくなったのですから、男性のたのもしさということも、単なる肉体的な力ではなくて、より以上に知能のはたらきが物をいうわけであります。

しかしながら、このさい気をつけねばならぬことは、「たのもしい男」という場合、かならずしも知力の優秀な男と考えてはいけないということです。ではたのもしい男という場合、どういう男性かというと、それはおそらく「責任感」の強い男性ではないでしょうか。すなわち、一たん自分が引きうけた以上、どこまでもその責任を果《は》たそうとするような男性こそ、真にたのもしい男性というのではないでしょうか。そしてそのためには、もし必要とあれば、自己の全体を投げ出しても悔いないというような男性こそ、真に「男の中の男」というのではないでしょうか。

そこからしてまた「男らしい男」とは、これをウラ返していえば、「卑怯《ひきょう》でない男」ということをも意味するようであります。すなわち自分がとうぜん背負わねばならぬ責任なら、卑怯なまねをしないで、男らしく自己を投げ出し、男らしく責任を負うというわけです。

そこで最後にあなたがた女の方に申したいのは、真に「男を見る眼」というのは、イザという場合、だれが一体そういう男らしさに生きるだろうかということを見抜く力ということですが、実はこれは非常にむずかしいことなのであります。それというのも、平生大きなことをいって、えらそうに振《ふ》るまっている人間ほど、イザという場合には、案外ダメだということは、むかしから多くの人によって語りつがれている人生の深い真理の一つだからであります。

そして女の人が、男性に対してこのような「眼」が開けてくるのは、あるていど人生の経験をつみ、苦難をなめてからということになるわけですが、しかしそれは肝心《かんじん》の結婚のまには合いません。そこで、こうした点からいっても、一生を共にする相手の男性をえらぶにあたっては、なるべく人生の経験をつんだ人の意見を尊重する必要があるわけであります。

（先生、いつになく厳粛な面《おも》もちで礼をされて壇を下りられ、やがて校長先生と一しょに室を出られた。）

第十三講——女らしさ

名児耶先生、今日も道服姿でわれわれの前にお立ちになる。それが如何にも先生に似つかわしく、お話の内容ともしっくりしているように思われる。先生は題目をお書きになられたのち、次のような芭蕉の句をキレイに板書された。

山路来て何やらゆかし菫草《すみれぐさ》　芭蕉

そして「今日のを加えると芭蕉の俳句を三句ご紹介したですね。皆さんは、前の二句と共に暗誦できますか。わずか三句だけですから、誰にだってできるでしょう。

それよりもこの句の意味ですが、これは「甲子吟行」の中にある句で、そこには「大津に至る道山路を越えて」とあるので、大たいの見当はつきますでしょう。なおこの句は、最初は「何となく何やら床し」とあったそうですが、それでは余りにボンヤリし過ぎて、とり止めのない駄句《だく》になってしまいましょう。ところがそれを「山路来て」とすることによって、不動のすわりができたというわけで、数ある芭蕉の句の中でも、秀句の一つといってよいでしょう。

さて今日は先週にも申したように、「女らしさ」という問題について、考えてみることにしたいと思います。ところで、前の週には、「男らしさ」ということについて、女の人のほうから、なかなか良い考えが出されましたから、今日はひとつ男の人から「女らしさ」とは一体どういうことかを言ってもらうことにいたしましょう。そこでいかがでしょう。「女らしさ」ということを、一口に言うとしたら、一体どういうことになるでしょうか。今日はひとつ男の人に言ってもらうことにいたしましょう。サア手を挙げて下さい。（するとかなりの人数の男子が手を挙げた。これは先週すでにやったことでもあり、また男子のもつ積極性という点もあるであろう。そこで先生が前の方にいる一人に当てられると、その生徒が立ち上がって、「ボクは女らしさとは、すなおでやさしいことだと思います」と答えて着席する。すると大部分の男の生徒は、同感の面《おも》もちに見えた。そこで先生が「サアいかがです。女らしさとは、すなおでかつやさしいことだといわれましたが、このほかにも何かちがった考えの人はありませんか」とたずねられたが、手を上げていたものの大部分は、手を下ろして同感の意を表わしたように思われた。しかしまだ二、三手を上げているものがあったので、先生が当てられると、

「どうも女子というものは、やさしくないとボクはダメだと思います。やさしさのないような女は、ほんとうの女とは言えぬのじゃないでしょうか」といった。一同爆笑。すると突然一人の女生徒が手をあげて起ち上がり「先生!!でも女だってただすなおでやさしいばかりじゃダメだと思います。男と同じように、しっかりしなくちゃダメだと思います」といった。すると大方の男生徒は爆笑しながら、その発言者がだれかを確かめるかのように、うしろの方をふり返ってながめた。するとそれに対して先生は微笑を浮かべながら）なるほど、女子も人間としてしっかりしていなくてはなりませんね。そしてこういう発言をする人の出てきたのも、「男女共学」の一つの長所といえましょうかね。（一同笑）

ところで、それはそれとして、先ほど男子の人のいわれたこと、またただ今女子の人のいわれたこと、いずれも「女らしさとはどういうことか」という問題について、かなりハッキリした考えが出たようですね。しかし同時にそれは、前の週で「男らしさ」という問題について、一おうの見当がついた以上、それとの対比からして、比較的に容易だったともいえましょう。しかし、とにかく女性の特質が、すなおさとやさしさにあるということは、一見分かり切ったことのようでもありますが、しかしまた、かなりスッキリした答えが、しかも意外に早く得られたともいえましょう。

そこで一歩をすすめて、それではこのすなおさとやさしさ、さらに又それでいながら、ある面ではしっかりしていなくてはならぬということは、一たいどういう処から来るのでしょうか。

そのうち先ずすなおさということですが、これはどちらかというと、まず夫《おっと》に対してということになりましょう。それというのも、もし女の人がすなおでないと、その家ではつねに夫婦げんかの絶え間がなく、しかもその場合被害をこうむるのは、夫婦ではなくて子どもたちだということは、忘れてなるまいと思います。実さい、小さな子どもたちにとって、何が一ばん悲しいといっても、両親がつねに言い争っていることほど悲しいことはないでしょう。小さな子どもたちにとって、これほど切なくもつらいことはないのです。

これは、必ずしもひとり小さな子どもたちだけではなくて、どんなに大きくなっていても、いやしくも子どもとして、両親の争いによって心を痛めないものはないはずです。そこで、そうした意味からいっても、すなおということが、「女らしさ」の第一の特質と考えられるということは、男女両性に根ざす最もふかい真理といってよいでしょう。

次に「女らしさ」の持つもう一つの特質として、やさしさということが上げられましたが、これは前のすなおさが、夫にたいする面が多いとすれば、この方は子どもにたいする面から生じたものと言えるかもしれません。それというのも母親というものは、何よりもまずわが子を育てはぐくむところに、その天性の任務というか使命があるからでしょう。実さい、母親として何が一ばん望ましいといっても、すべての子どもたちを、少しのえこひいきもしないで、平等に可愛がることではないでしょうか。そしてそのような場合における母親の徳性は、けっきょく女性としてのやさしさであり、さらにはあたたかさといってよい場合もありましょう。

同時にこのような母性としての女性のやさしさは、ひとりわが子に対するのみでなく、さらに隣《となり》近所の子どもたちの上にも、及ぼされることが望ましいといえましょう。そしてそれは、ひとりわが家へ遊びにくる子どもたちを可愛がるばかりでなく、さらにその辺の道路などで遊んでいる子どもたちに対しても、そのいつくしみの眼が注《そそ》がれるところに、女性としてのやさしさの、おのずからなる発露《はつろ》があると思われるのです。

こうした意味から申せば、たんなる女性については、さほどの事はないとしても、女性がひとたびわが子をもって母性となりますと、そこには一種神聖なものが輝き出すともいえましょう。すなわちそれは、仏教では「観音菩薩《かんのんぼさつ》」となり、またキリスト教でも「聖母マリア」の信仰となっていることは、これを証《あか》するといってよいでしょう。もっとも「観音菩薩」といわれる菩薩が、はたして女性であるかどうかは、学問的には問題があるという人もないではないようです。しかしながら、それが実在の人物でなくて遠いむかしの人びとが、人類の理想として生み出したものであるということの方がむしろ大事な点であって、そこには前にも申すように、母性としての女性は、人間の生命を包んでこれを育《はぐ》くむところに、その特性のあるゆえんでしょう。さらに又キリスト教における聖母マリアへの信仰にいたっては、神の子イエスを生んだ母というわけですから、その尊信せられるのも、まったく故なしとしないわけであります。このようにわれわれ人類の歴史は、母性にたいしては、本質的にはこのように、絶大な尊敬の念を抱いてきたのであります。

　しかるに、こうした点について、現在わが国の社会では、一たいどのように考えているのでしょうか。そこには幾多の問題と混乱があるようであります。それらの中の一つに、いわゆる共かせぎと呼ばれている問題があります。このように、子どもをもった母親たちが、家を外にして働きに出るということが、その子におよぼす影響は、じつに計り知られないほど深く、かつ大きいと思うのです。学校からうちへ帰っても、家の中はがらんどうで、まったくそこに母親の姿が見られないからです。しかもこうした家庭が次第にふえつつあるということは、やがてそれらの子どもたちが大きくなったあかつき、そういう人びとによって構成せられるわが国の社会のことを考えますと、まったく胸の痛むおもいを禁じ得ないのであります。

　さらでだに巨大なこの機械化文明の発達によって、われわれ人間の生活は、しだいに索漠《さくばく》たるものとなりつつあるわけですが、それは今や、小さな子どもたちから、その母親をうばって、外で働かすところまで来ているのでありまして、それが民族の上におよぼしつつある弊害のいかに大きいかを思いますと、とうてい黙視するわけにはゆかないのであります。

ではこのような情勢に対して、われわれは一たいどうしたらよいでしょうか。それにはけっきょく、㈠一人ひとりの個人の自覚とともに、㈡政治的にも何らかの対策を講じなければならないでしょうが、しかし政治的対策といっても、けっきょく、世論《せろん》を呼び起こす他ないでしょう。もしそうだとしますと、これもまたけっきょくは、一人ひとりの人間の自覚にまつ他ないわけであります。

ところが最後に、一ばん深憂に絶えないのは、このように切実でかつ深刻きわまりない大問題にたいして、当の女性自身の態度や考え方が不確かであり、かつ動揺が見られるということでありまして、国家社会にとって、これほど憂慮に絶えないことはないわけであります。しかもその根本には、どうしても教育というものが、大きく影響していることを認めずにはいられないのであります。わたくしが先週には「男らしさ」ということについて、また今日はこうして「女らしさ」というテーマを取り上げることにしたのも、実はこうしたことを考えてのゆえであります。すなわちわが国の現状は、今や社会生活の土台に、大きな弛《ゆる》みが生じつつあるように思えてならないからであります。

（先生、おもむろに板書を消されてから、一礼の後しずかに降壇、そして校長先生とご一しょに退室される。）

第十四講――からだを鍛《きた》えよう

道服すがたの名児耶先生、今日はニコニコして壇上にお立ちになり、「みなさんお早う!!」という声もひときわ冴《さ》えて聞こえる。黒板の右のはしのほうに、今日の題目を書かれてから、つぎに黒板の真中に

辛崎《からさき》の松は花より朧《おぼろ》にて　　芭蕉

という句を書かれる。そしておもむろに

「皆さん！これで芭蕉の句を四回ご紹介したわけですが、サァひとつ暗誦して頂きましょうか。暗誦といっても、前の週までの三句だけですから、どんなに頭のにぶい人にだってできるはずです。つぎは五句までで、これも大したことではありません。ところが第六句からは急に荷が重くなるようですね。ですから暗誦の秘訣は、最初の五句を、自由自在に出るようにすることですね。ではひとつ四、五人の人に暗誦して頂きましょうか」とおっしゃって、手を上げた者の中から、男三名と女三名にあてられた。するとみんなが

古池や蛙とびこむ水の音

枯枝に烏のとまりたるや秋の暮

山路来て何やらゆかし菫草《すみれぐさ》

と、以上の三句をスラスラと暗誦できた。

さて、わたくしは、前二回にわたって、「男らしさ」ということと、「女らしさ」ということについてお話したわけですが、そこで皆さん!!ひとつ腰のかけ方からして、男は男らしく。女の人は女らしくかけて下さい。では男らしい腰のかけ方とはどうかと申しますと、(といって先生は壇上にあったイスに腰かけて示されながら)こういうふうに、男子は獅子《しし》の前足のように両ひざを開いて、ガッシリと力づよいかけ方をするのです。これに反して女の人は、まずひざを合せて、ひざから足のくるぶしまで一直線になって、まるでまだ使わない割りばしみたいにキチンとそろえるのです。そして何時までたっても、その姿勢《しせい》をきゅうくつと感じないようでなければ、真の女らしさとはいえません。ですから、もしそれがきゅうくつと感じられるようでしたら、女性としては、心のネジが弛《ゆる》みかけた人といってよいでしょう。これに反して男子でありながら、こんなふうに両ひざをすぼめて腰かけるのは、(といってやって見せられる)内向《ないこう》的な人で、男らしいかけ方とはいえません。こういう男子は、他日結婚しても奥さんに尻にしかれる男といってよいでしょう。(といって両ひざをすぼめた掛け方をして見せられると、一同が爆笑《ばくしょう》してよろこんだ)つまりこういうわけで、男子と女子とは、腰のかけ方ひとつをとってみても、違うのが本当なんです。そして平生、こういう点に注意していますと、しぜんに「男は男らしく、女は女らしく」なるわけです。

このように人間のからだというものは、実に微妙《びみょう》にできていて、同じくイスに腰かけても、ひざを開けて腰かけるのと、閉じて腰かけるのとでは、その人の気もちが大きく違ってくるわけです。いわんや前にもお話したように、いつも腰骨をシャンと立てていれば、気もちも常にシャンとしてくるのは当然です。

そこで今日は、それらの上にさらに一歩をすすめて、「自分のからだはどこまでも自分で鍛《きた》えよう」という決心をして頂きたいと思います。そしてそれには皆さん方くらいの年ごろが、一ばん大切な時期だと思うのです。前にも申したように、わたくしが腰骨を立てはじめたのは、ちょうどあなた方くらいの年ごろでした。今も申すように、皆さん方も、今くらいの年ごろから、「自分のからだは自分で鍛えるんだ」という決心をして、始められたら大したものだと思います。それというのも、皆さん方の年ごろというものは、人間の一生において一ばん大事な土台づくりの年ごろで、この時期にしっかりした土台をつくるかどうかということは、あなた方の一生を大きく左右するといってよいからです。実さいどんなに頭がよく、また腕がすぐれていても、肝心《かんじん》の土台になるからだが弱くては、どうにもならないからです。

そこで問題となるのは、では「自分のからだは自分で鍛える」として、一たいどういうことをしたらよいでしょうか。だがこの点については、色いろなやり方があって、「これでなくてはいけない」というようなことはないわけです。つまり何か一つ二つのことを、ズッとつづけて実行すればよいわけです。その場合あまり欲ばって、三つも四つもということになると、かえって続けるのが困難になって来ましょう。たびたび申して来たように、わたくしは、十五才のころから、つねに「腰骨を立てる」決心をして、それを今日までつづけて来たわけです。たった一つ、それだけのことですが、それがその後今日まで、わたくしの上に及ぼしている影響《えいきょう》は、まったく計り知れないほどに深くかつ大きいのであります。

ですから、今日わたくしが皆さん方のために、「自分のからだは自分で鍛えよう」というテーマをかかげたのは、今日を境《さかい》にして、ひとつ皆さんたちの一人ひとりが、それこそ一人の例外もなく、何か一つ始めていただきたいと思います。むかしから「思い立ったが吉日《きちじつ》」ということわざもありますが、どうぞ今日を吉日として何か一つ始めて下さい。

そこで次には、一たい何を始めたらよいかということが問題ですが、これは前にも申すように、「これでなければいかぬ」というようなことはなくて、いわば何でもよいわけです。しかしたんにそう言っただけでは始まりませんから、一つ二つ例を挙《あ》げてみることにいたしましょう。

さしあたってまず考えられるのは、ラジオ体操でしょう。あのラジオ体操というものは、皆さん方はご存じないでしょうが、有名な体育の専門家たちがあつまって、練りにねって作り上げたものですから、ふつう一般の人びとの健康法としては、大へんリッパなものといってよいでしょう。が同時に、すべて理想的なものは、実際にはなかなかむつかしいというわけです。では皆さん方の中で、毎朝ラジオ体操をやっている人があったら、ひとつ手をあげてみて下さい。(すると三人ほどの生徒が手をあげる。いずれも男子ばかり)そうですか。毎朝ラジオ体操をやるとは感心ですね。皆さんたちくらいの年ごろから始めて、もし一生やりつづけたとしたら、大した効果がありましょう。ここで「大した効果」というのは、そういう人は、ひとり病気にならないばかりか、年とって幾つになっても盛んに活躍できるのです。つまり同じ年の他の人たちはもうからだが弱って、ガンバリが利《き》かなくなったころでも、そういう人は盛んに活躍ができるわけです。

しかし前にも申すように、すべて理想的な事がらというものは、普通の人にはなかなかやりにくいものであります。もっともあのラジオ体操なども、体育の専門家から見ますと、毎日あのていどの運動をするのは当然で、べつだん理想的というほどの事ではないらしいですが、しかしあれほどまんべんなく理想的に組み立てられた体操を、毎日自分一人でやるということは、誰にもやれるとは言えないでしょう。

そこでもう少しレベルを下げた辺で、決心さえすれば誰にでもできる事となると、その一つは冷水マサツでしょう。すなわち毎朝起きたら、顔を洗うと共にすぐ肌脱《はだぬ》ぎになって、冷水にひたした手拭いをしっかりしぼって、それで上半身を強くマサツするのです。わたくしの知っている人の中にも、多年これを実行している人がありますが、そういう人の話を聞きますと、それを始めてからは、冬になっても風邪《かぜ》をひかなくなったということです。つまりそのために皮膚がつよくなったので、風邪を引かなくなったのでしょう。それというのも、風邪を引くというのは皮膚が弱いために、外の寒さにやられるわけであります。そこで中には、冷水マサツではまだ足りないといって、毎朝タワシで皮膚をマサツしたり、また中には冷水浴といって、冬でも頭から冷たい水をかぶった後で、かわいた手拭いで全身をマサツする人もあるようであります。しかしこうした激《はげ》しいやり方は、だれでもやれるというものではないわけです。それ故わたくしとしては、たとえ乾布《かんぷ》マサツでもよいですから、なるべくすべての人にやっていただきたいと思うわけです。

つぎに少し方面を変えて申しますと、毎朝一定の距離《きょり》を走るという人もあります。これなども、ランニングの選手というのでなければ、そんなに遠距離を走る必要はなく、ごく近い家の附近をひと廻りしている人もあるようです。ところが習慣というものは恐ろしいもので、それが習慣となりますと、たとえ雨降りの日でもレインコートを着て走ったり、また大雨でそれも出来ないという日には、家の中で廊下を千歩とか千五百歩と、数をかぞえて走るまねをする人もあるということですが、人間もここまで来ると、もうそれだけでもひとかどの人間になれそうですね。

つぎにもう一つ。それは木剣の「素振《すぶ》り」ということをしている人もあるようです。これは中学の上級から、とくに高校生になって、学校で剣道部などに入っている人の中にあるようですが、まい朝顔を洗うと、木剣をもって戸外に出て、百回とか二百回とか木剣の素振りをやるわけです。これは相手がいなくてもやれることですから、まい朝木刀で素振りをやるということは、ひとり体が鍛《きた》えられるだけでなくて、精神的にも得るところが少なくないと思います。

以上のほかにも、考えたらまだ色いろな方法があると思います。そしてそれらは、初めにも申したように、その事がらは何でもよいわけで、大事なことは、それをいつまでも続けるということです。どんなにリッパな鍛練法でも、三日坊主では何の役にも立ちません。ところが前にも申すように、あまりに理想的なことというものは、実際問題としては、とかく長続きがしないものですから、あまりムリをしないで、自分のからだに合ったことを何か一つ二つ、一生続けるのが良いと思います。そういう意味からいって、一ばん簡単なのは何かというと、それは毎朝深呼吸をするということです。これならその人にやる気さえあれば、それこそ誰にも出来ることですが、それだけに、この深呼吸をやっている人は、かえって少ないようであります。

最後に、ではわたくし自身はどうかと申しますと、たびたび申すように、十五才の年から「腰骨を立てる」ことを始めて、現在に及んでいるのが根本ですが、その他にも三種の健康法をつづけています。しかしそれらについては、いずれ改めてお話しする機会があると思いますので、今日は一おう以上をもって、一段落にしたいと思います。

(今日は先生が壇上から、われわれの腰のかけ方を教えられるために、色々と動かれたが、そのたびに先生の腰骨が、いかにスッキリ立っているかということを、改めて痛感させられた。やがて一礼ののち、降壇、校長先生と一しょに退場された。)

第十五講――趣味について

第二学期に入ってはじめてのご講話である。道服の名児耶先生のお姿を見ると、それだけでもこの二度とない人生をしっかり生きなければならぬという気がしてくる。

先生は題目を板書せられたのち、つぎのような芭蕉の句を書かれた。

何の木の花とは知らず匂《にほひ》かな　　芭蕉

「サア最初にまずこれまでの句と、今日のこの句とを合せて五句、暗誦をして頂きますかナ。では、やれる人ひとつ手を挙げて下さい。」（挙手するもの意外に少なし）そこで先生は、「どうも永い夏休みのために、少々夏バテのようですね。人間は若いうちにしっかりしないと、年をとるとボケますよ。それをモウロクというんですが、夏休みくらいでボケていては困りますね」といわれながら、男三名、女三名に当てて暗誦させられた。

「さて今日のこの句ですが、これは芭蕉が伊勢神宮に参拝したさいに詠《よ》んだ句で、有名な句の一つになっています。この句の意味は、べつに説明を要するほどのことはないでしょう。つまり芭蕉が、天照大御神をおまつりしてある伊勢神宮の神前にひざまずいて拝むと、何の木の花かわからないが、どこからかほのかな花の匂いがしてきて、一そう森厳な思いがした――というほどの意味でしょう。ただこの句を詠んだときの芭蕉には、その敬慕《けいぼ》する西行法師が、同じく伊勢神宮を参拝したときの

「何事のおはしますかは知らねども忝《かたじけな》さに涙こぼるる」

という歌が、心中ひそかに思い出されて詠んだのだろうといわれています。

さて前の週には夏休みに入る前でしたので、「自分のからだは自分で鍛えよう」というテーマでお話いたしましたが、今日は休みもおわって、やがて、爽涼《そうりょう》の秋を迎えることになりますので、この辺でひとつ「趣味」の問題についてお話することにいたしましょう。それというのも、なるほどおたがい人間にとって、からだが丈夫《じょうぶ》だということは、何よりのことですが、しかしされぱといって、人間はただからだが丈夫だというだけでは、何か一脈《いちみゃく》足りないものが感じられますよね。つまり単に「むくつけき男《お》の子」というだけでは、人間としてはもうひとつ物足りない気がするわけです。男子でさえそうなんですから、いわんや女性の方でありながら、何ひとつ趣味というものがないと言うんでは、どうにもなりませんね。それというのも男子なら、何ひとつ趣味のない不精《ぶしょう》な男にたいしては、今も申すように、まだ「むくつけき男」というコトバがありますが、女性でありながら、何一つ、これという趣味も持っていない人にたいしては、むかしの人もあきれて、「むくつけき女」などということさえ、言わなかったものと思います。ところが現在のような日本の社会情勢では、「むくつけき女」が盛んに出つつあるような気がしてなりませんが、皆さんどうお考えですか。

しかしこのような趣味という問題についても、男子と女子とでは大へん違うといってよいでしょう。つまり趣味というものほど、男と女で違うものは少ないかも知れません。そこで最初にまず男の人の趣味の問題から考えてみたいと思います。

さて、男子の趣味として一ばん多いのは何かといったら、案外スポーツかも知れないと思います。ではひとつお尋ねしてみることにしましょう。皆さんのうちで、スポーツが趣味だという人は手を挙げてみて下さい。（約半数近いものが手を挙げる）やはりそうなんですね。

ところでスポーツについて申したいことは、スポーツというものは、元来「自分でやる」ということが根本であるのに、近ごろではこの根本が忘れられて、自分は何一つしないで、ただ他人のやるのを見て楽しむという人がふえて来たようですが、これは非常に不健全なことといってよいでしょう。野球をはじめ、ラグビーやレスリングから相撲にいたるまで、近ごろでは、たんに見るだけのスポーツになってしまっているようですが、これは人間生活の本来からいうと、手放しで喜んでいてよいことではないように思うのです。その点ではテニスなどは、やる気にさえなれば、だれにも楽しめるスポーツかと思いますが、見るスポーツ全盛のために、近ごろではあまり盛んでないようですね。

このように最近のスポーツは、自分ではやらないでいて、もっぱら他人《ひと》のやるのを見て楽しむというふうになりつつあり、しかも勤めやその他の関係で、実際にスポーツの行われているのを見ることさえ、しだいに困難になってきて、そのためにテレビで見て楽しむという人が多くなって来たのも、やむを得ないことでしょう。ただこのさい注意を要することは、テレビで見るのはまだよい方ですが、スポーツ新聞を見てたのしむというに至っては、いささか邪道《じゃどう》ではないかと思います。もっとも趣味や娯楽は、何もそんなにやかましいことなどいわないで、本人まかせにして放《ほお》っておいたらよいともいえましょう。しかし競輪《けいりん》や競馬《けいば》などで多くの人が賭《かけ》をして、そのために、中には一家が破産に立ち到ったという場合も少なくないことを思いますと、趣味や娯楽は本人まかせだといって、手放《ばな》しでこれを肯定《こうてい》する気もちにはなれないのであります。

同時にそれほどではないとしても、毎日朝っぱなからスポーツ新聞を読みふけって、普通の新聞は読まぬというような人の頭の中は、まるで紙くずみたいなスポーツ記事でつまっているわけで、そういう人間にいっかどの働きが出来るとはどうも思えないですね。ですからスポーツ新聞だけは、現在はもちろん、たとえ将来大人《おとな》になり、社会人になってからも、どうか読まないような人間になっていただきたいと思います。

しかしスポーツの問題はひとまずこの辺でうち切って、つぎには剣道や柔道について考えてみたいと思いますが、戦後には剣道や柔道を「武道」といわないで、スポーツと呼ぶようになったことについては、問題がないわけではないでしょう。しかしそれはとにかくとして、剣道や柔道が好きで、それが自分の趣味だという人もないわけではないでしょう。とくに剣道のほうは木剣の素振《すぶり》のように、自分一人で出来るものもあって便利です。

さてここでついでに申したいことは、趣味における一つの望ましい条件として、「相手のいらない趣味」、すなわち自分一人で楽しむことができる、ということが挙げられましょう。そうした点では、読書をはじめとして、写真、盆栽、園芸などというものは、自分ひとりで楽しめるものとして、一般的に好ましい趣味といってよいでしょう。

同様なことは、また絵画や音楽についてもいえましょう。もっとも絵画や音楽についても、自分で絵をかいたり音楽を演奏して楽しむという人もないわけではないでしょうが、絵画や音楽というものの性質上、一おうは鑑賞だけでもよいのではないかと思います。もっとも日曜日の一刻を、自分でスケッチを書いたり、好きな楽曲が弾けるというらやましい人も、時にはないわけでもないでしょう。

さて以上は、大たい自分一人で娯《たの》しめる趣味についてでしたが、それが将棋《しょうぎ》だとか碁《ご》、さらにはマージャンなどということになりますと、どうしても相手がいるわけです。そうなると、自分だけでなくて相手の時間をもつぶすことになるわけで、この点が「趣味はなるべく自分一人で楽しめるのがよい」といわれるゆえんです。いわんやマージャンとなりますと、どうしても四人という人数がなければできないわけで、その上とかく夜更《ふか》ししがちな点などから考えても、どうも好ましい趣味とはいえないように思います。

以上は、がいして男の人の趣味について申しましたが、つぎに女の人の趣味に移りましょう。わたくしは女の人の趣味で一ばん好ましいのは、手芸と生け花および料理ではないかと思います。つまりこれらの趣味は、女性特有の趣味であって、それはとうの女性自身が、それによって一生楽しんで尽きるときがないばかりか、さらにそれによって、ご主人や子どもさんたちまでがその恩恵《おんけい》に浴するからであります。

つまりこれらの趣味は、女性特有の趣味であると同時に、むしろそのために、その家の人びとが、みなその人の趣味の恩恵を受けるわけで、女性の趣味としてはこれほど好ましいものはないともいえましょう。

そこでまず生け花についてですが、一歩その家へ入ったさい、玄関に生け花が活けてあるのは、もうそれだけで、その家の清《すが》すがしい雰囲気《ふんいき》が感じられるといってよいでしょう。しかもそれは、主婦たる人の心がけひとつで、かならずしも多くの費用がかかるわけではありません。いわんや、もしその人が園芸の趣味もあるとしたら、狭い庭でも心がけしだいで、あり合わせの花を絶やさぬということも、出来ないわけではないと思います。

また手芸の趣味なども、自分ひとりで楽しむだけでなくて、自分のつくった作品で客間などを飾《かざ》ることもできましょうし、さらにわが子の身につける品なども、母親の工夫《くふう》しだいで、色いろと作ってやることができるわけであります。ですから、こうした母親をもった子どもさんは、世にも幸せなお子たちと思うのであります。

さらに料理にいたっては、日々三度三度、全家族のものがその恩恵に浴するわけですから、女性の趣味としてはわたくしは、何よりもまず第一に挙げたいくらいであります。おいしい漬け物や、母親の手づくりのお菓子などを考えますと、何ともいえぬ幸福感が感じられるのであります。いわんや、その上にもし女の人で、ちょっとした菜園の手入れができて、夏は新鮮なナスやキュウリが供給《きょうきゅう》され、また冬は新鮮なネギや菜葉《なっぱ》などを、ミソ汁のみなどにすることが出来るとしたら、一家の主婦の趣味として、これ以上のものを考えることは出来ないほどであります。

趣味については、男子の場合でさえ、一人でできるということが望ましい条件ですが、まして女性の場合には、家を空けることは容易でないですから、趣味はなるべく自分一人で楽しめるばかりか、女の人の場合には、さらに家族一同がその恩恵に浴することができるということは、最も望ましいと申してよいでしょう。

それに今一つつけ加えるとすれば、女の人が自分一人の趣味のために、あまり多くの費用がかからぬということも、大事な条件かと思います。この点はもちろん男子の場合でも同様で、そうじて自分一人のために、あまり多くの経費《けいひ》を使うということは考えものだというわけです。そしてそういう意味からは、その人に何かとくべつな収入のある場合はべつですが、世帯《しょたい》をもった女性が、趣味だからといって油絵をかくとか、写真道楽にふけるということなどは、一考を要する事がらだといってよいでしょう。

（先生、今日は何か晴れやかな調子でしたが、最後を引きしめられて話を終えられた。）

第十六講――大いに本を読もう

今日も道服すがたの名児耶先生をお迎えできた。いつものように、先生は一礼ののち、今日のテーマを板書され、ついで次のような芭蕉の句を書かれた。

花の雲鐘《かね》は上野か浅草か　　芭蕉

この句は、芭蕉庵において詠まれた句となっていますが、たぶんそうでしょう。狭くはあるが住みなれた芭蕉庵に、久しぶりにゆっくりして、おりから桜の花が雲のように棚《たな》びいているのをながめている。と、どこからともなく、鐘の音が聞こえてくる。そしてあれはいったい上野の寺の鐘か、それとも浅草の鐘かしら――と考えている。こうした桜の花の満開のころの、のどかな春の気持ちを詠んだものと見てよいでしょう。

「では、この間から芭蕉の俳句のご紹介を始めましたが、それと今日のこの句とを、一しょにして暗誦してみて下さい」といわれる。手をあげた生徒数人に当てられたが、わずか六句なので、だれ一人出来ないものはなかった。そこで先生は、「では来週もして頂きますが、もう一々手を挙げてもらわないで、すべての人にやって頂くことにしますから、どうぞそのつもりで準備してきて下さい」といわれた。

さて、前の週には、「趣味について」お話をしましたが、そのさい読書については、ほとんど触れることができませんでした。それはあの時すでに、〝来週はひとつ読書について話をしてみよう〟という考えが、わたくしの心の中にあったからです。と申すのも、読書というものは、もちろん趣味の一つとして考えることもできますが、しかしたんに趣味の一種というだけでなくて、もっと大事なことだと思うからです。それというのも、この読書ということは、元来すべての人が、それぞれその人相応にしなければならぬものだと思うからであります。

というのも、読書以外の趣味ということになりますと、必ずしもすべての人がしなければならぬというわけではないのです。たとえば、こころみに盆栽《ぼんさい》を例にとってみましても、なるほどすべての人が盆栽の趣味を持つということは、もしそれが出来ることなら、大へん良いことだろうと思いますが、しかし実際問題としては、これは誰にもというわけにはゆかないでしょう。あるいはまた、書道とか写真などということも、趣味としては上品で大へんけっこうとは思いますが、しかしすべての人に書道をやるようにとか、写真を趣味にするように――とまでは言いかねるでしょう。ところが、読書ということになりますと、それらの事とは、どこかおもむきの違うところがあると思いますがいかがでしょう。

そこで、ではナゼそうかということを考えてみますと、それは読書というものは、上にあげた盆栽とか書道とか、あるいは写真などと違って、もっと一般性をもっているんではないかと思うのです。たとえば、上に述べた盆栽や書道、または写真などにしましても、少し研究しようと思えば、やはり書物について研究しなければならぬでしょう。盆栽などというものは、皆さんがふつうに考えられたら、何も本なんか読まなくたって、一人二人の先輩を指導者にして、その人たちから実地に教わればよいとお考えでしょう。もちろんそういう事は大いに必要であって、いかに書物で研究するといっても、最初はやはり身近にいる指導者について、実地の指導を受けねばならぬのは当然のことであります。

しかしながら、指導者についてある処まで指導をしてもらいますと、もうこの辺から先は、もちろん指導者からも教わるが、しかし他方では自分自身で参考書によって研究するんでないと、大して進歩しないということになるわけです。しかもこうしたことは、けっして盆栽だけではなくて、前にあげた書道や写真などについても、同様にいえることであります。とくに書道とか写真などになりますと、参考書の種類も、比較にならぬほど沢山あるようです。

同様のことはまた、女の人の刺しゅうや生け花、ないしは料理など、それらのいずれにも当てはまるのでありまして、もしそうしなかったら、その人がいくらやってみても、大して進歩はないといってよいでしょう。

そこで、以上のことからいえることは、元来本を読むということは、単に趣味の中の一種類というよりも、むしろすべての趣味において、多少とも進歩しようと思う人は、どうしても書物によって研究しなければならぬということを申したわけであります。

もちろん読書というものは、このように単に趣味の一つと考えたり、あるいは趣味に関しての研究上必要という程度のものではなくて、もっとはるかに大きな、また深い意味のあるものだということは、あなた方だって十分お分かりでしょう。ではそれは一体どういうことかと申しますと、それはわれわれ人間が、この二度とない人生を、一体どういう生き方をしたらよいかという問題、つまり一口に申せば、われわれ人間の生き方について学ぶには、どうしても読書ということが根本的に必要となってくると思うのであります。もちろん、人生の意義について考えるには、読書以外にも、人の話を聞くとか、あるいは講演を聴くなどというように、色いろな方法がないわけではありません。もちろん直接にすぐれた方のお話が聞けたら、それは本を読む以上に、はるかに深いものが得られましょう。しかしながら、この忙しい現在の社会では、仕事を休んで人の話を聞くということは、実際にはなかなか出来にくいことであります。

そこで、そうしたことの不便さからして、ラジオというものが発明せられますと、あなた方はご存じない人が多いでしょうが、「朝の修養講座」という番組があって、あなた方のお祖父さんなどの中には、現に聞いていられる方もおありだろうと思います。ついでですから、もしあなた方のお家の方で、早朝の「修養講座」を聞いていられる方のある人は、ちょっと手をあげてみて下さい。（といわれると、挙手したものが数名あった）

しかしラジオというものは、時間が決まっていますので、こちらが一々それに合わせて聞かねばならぬでしょう。ところが、本ということになりますと、そういうことは全然なくて、まったくこちらの思うままでしょう。つまり読みたい時に読み、止めたい時に止めるというように、まったく自由自在です。またこちらが何を読もうと、これまた全く自由であって、何らしばられるということがありません。この点でも、ラジオの朝の修養講座などとは、根本的に違うのであります。その上に、講演やラジオでは、いかに良い講演だったからといっても、もう一度聞き直すということはできませんが、本であれば、二度でも三度でも読み返えして味わうことができます。いわんやテレビともなれば、この違いはもっとひどくて、テレビではホンのわずかな説明文がついているだけで、そこには何ら内容的な深味などはないでしょう。ですから、人間もただテレビだけしか見ないで、本を読まずにいますと、しだいに馬鹿になるといわれるのは、もっともなことだと思います。

　こういうわけですから、むかしからリッパな人間になった人は、必ずわかいころから本を読んだものであります。むかしは、現在のように本というものが沢山なかったので、本を持っている人から借りて、みな写して読んだものであります。これは大へん手間のかかることですが、しかし半面からは、非常に力のつく読み方だったともいえるのであります。ですから皆さん方にしても、何か自分の大へん好きな本で、どうしても手に入らぬ本があったら、そして分量があまり多くなかったら、夏休みなどを利用して、リッパな帳面にでも清書してみてごらんなさい。そうしますと、著者がどういう気持ちでここのところを、こういう書き方をしているか――などということなども次第に分かるようになって、大へんためになるわけです。

　もっともこういうやり方は、本というものがあまり多くなりすぎた今日のような時代には、非常に骨が折れてムダなようですが、しかし大へん力のつくやり方だといってよいでしょう。ですから、皆さん方くらいの年ごろのうちに、一生に一度はこういうことをしてみるのも、大へん意味のあることだと思うのです。フランスにアランという偉《えら》い哲学者がいましたが、その人が弟子のアンドレ・モーロアという人から、「わたくしは小説家になりたいと思いますが、一たいどうしたらリッパな小説家になれるでしょうか」と尋ねられた時、アランは、「それにはバルザックの小説の中から、どれか一冊をえらんで写すがよい」と答えたということです。バルザックというのは、フランスにおける第一流の小説家ですが、その人の小説を何か一冊、ぜんぶ写すがよかろうといわれたというわけです。

ところで、本を読むということについて、さらに大事なことは、人が本を読むようになるかどうかという分かれ目は、早ければ小学校の三・四年のころであり、それについでは小学校の五・六年生の時期だといわれています。そして最後が、現在のあなた方の年ごろだというわけです。ですから、現在でもまだあまり本を読まずにいるような人があるとしたら、そういう人はそのままでゆくと、将来何か例外的なことでも起きないかぎり、大人になってからも、あまり本を読まない人になると見てよかろうと思います。ですから、これまであまり本を読もうとしなかった人は、これを機会にひとつ決心して、本を読み始めるようにして下さい。

そしてそれには、最初のうちは友人たちが、「あの本は大へん面白かったぞ」というような本の中から、自分で匂《にお》いを嗅《か》いでみて、「ナルホドこれはたしかに面白そうだ」と思われるような本から、読み始めるのがよいでしょう。そしてそういうやり方をつづけてゆきますと、そのうちに本というものは、少し匂いを嗅いでみれば、つまり二・三カ所開いて、ちょっと読んでみれば、その本が面白いか面白くないか、またためになるかどうか、というようなことの、大体の見当はつくようになるものです。そうなったら、もうしめたもので、そういつまでも人に聞いたりなどしていないで、自分の力で、大たいどういう本を読んだらよいかという見当がつくようになるものです。

では最後に、本を読むことによって得られる利益としては、一たいどういうことが考えられるでしょうか。それには色々あると思いますが、わたくしにとって一ばん深く感じられるのは、本を読む人は居ながらにして、古今東西のすぐれた人物と逢って話をするみたいなもので、これほど大きな、また深い楽しみはないといえましょう。孔子とか釈迦とかキリストというような偉い人でも、その残された本を読めば、それらの人びとがどんな人だったかという、あらましの見当は分かります。あるいは、近くは二宮尊徳とか、西郷南州や勝海舟というような人びとにしても、一たい、それらの人たちが、どうしてあのように偉い人になったか——というようなことも、本を読むことによって分かるわけであります。近ごろ分かってきたことですが、勝海舟のお父さんという人は、これはなかなかどうして、大した人物だったようですが、あまり世間に広く知られずにしまったというようなことが分かってきて、わたくしも大へん面白い話だと思っているのです。つまり、さすがに海舟ほどの人物の親父《おやじ》さんだけあるというわけです。

こういうわけで、われわれは広く本を読むことによって、居ながらにして古今東西のすぐれた人に接したり、あるいはまた、世間的にはさまで広く知られていないけれども、真実な生き方をした人びとに接して、自分も人間としての生き方を教えられるわけであります。

こういうわけで、読書ということはひじょうに大切なことですから、皆さん方も、今のうちに、本を読む習慣を身につけられるよう、心からおすすめして、今日のお話をおわることにしたいと思います。

（先生、一礼ののち、いつものようにおもむろに壇を下りられ、校長先生としずかに退場された。）

第十七講――自由に文章の書ける人に

名児耶先生、今日も道服すがたで、われわれの前にお立ちになった。先週には「読書について」話されたが、今日はどういうお話があるかと、みんな期待の眼をかがやかして見守っていると、やがて一礼ののち、「自由に文章の書ける人に」というテーマをお書きになった。同時に引きつづいて、つぎのような芭蕉の句をお書きになられた。

名月や池をめぐりて夜もすがら　芭蕉

そして、「皆さん、今日はちょうど名月の晩にあたりますので、有名な芭蕉の名月の句をご紹介することにします。これは芭蕉庵で名月の夜――というのは旧暦の八月十五日の夜をいうのですが――月を賞《め》でようとお弟子たちが、舟であつまって来たその席上で詠まれた句です。つまり、月そのものの美しさを詠んだというよりも、むしろ名月を賞《め》でる人びとの心もちを詠んだというほうが当たりましょう。つまり芭蕉庵にある池も、また池の周囲の樹木や人家なども、すべてが月光を浴びて、いつもとはどこか趣が変わったように感じられるのを詠んだのでしょう。

ここで、「よもすがら」とあるのは、必ずしも夜っぴて池を廻っていたというのではなく、一同が名月を賞でながら、いつしか夜の更けるのも知らずにいた、というほどの意味でしょう。

では、これまでの六句に、今日のこの句を加えて、芭蕉の句七句を、この列の前の人から順に暗誦してみて下さい」といわれる。途中で七句全部言えない者も二、三人あった。

さて前回は、「読書」についてお話いたしましたので、今日は引きつづいて「人間はあるていど文章が書けなくてはならぬ」——ということについて、お話してみたいと思います。こういっても皆さん方には、あまりピンと来ない人もあろうかと思いますが、しかしわたくしは、自分が今日までたどってきた人生の経験からして、この点はどうしても一度はお話しておく必要があると思うのであります。

では、何故かようなことを申すかというと、われわれ人間は、話すということについては、だれでも一おうは何とか用を足すのに事欠かぬといえましょうが、しかし自分の考えを、文章にまとめて書くということになりますと、とかく苦手《にがて》な人が少なくないらしいからであります。もちろん、話すということと自身についても、人によってそれぞれ上手下手があり、とくに大ぜいの人の前で話したり、さらには壇の上に立って、何百人というような大ぜいの人を対象に話すということになりますと、もちろんその生まれつきの素質というものもありましょうし、また単にそれだけでなくて、いわゆる「場数《ばかず》をふむ」ということ、つまり経験の多少ということが、大いに物をいうだろうと思います。ですからわたくしは、すべての人が、何百人というような大ぜいの人の前で話ができねばならぬとは、必ずしも思わないのであります。

もっともこのようにいえば、人によっては「文を書くことだって同じことで、だれもがみな大ぜいの人の前で話ができねばならぬ必要のないように、文章も同じことで、必ずしもすべての人が、みんなリッパな文章が書けねばならぬというような必要はない」と考える人も、ないわけではないでしょう。そしてその点では、実はわたくし自身もまったく同じ考えであります。と申すのも、わたくしが今日皆さん方にたいして、「文の書ける人になって下さい」と申すのは、必ずしもすべての人が名文を書けるように——とか、いわんや、懸賞論文などに当選する人が多く出てほしい、などと申しているのでは決してありません。

それでは、わたくしがここで「文の書ける人になって頂きたい」というのは、一たいどういうことかと申しますと、要するにお互い人間は、自分の考えていることだけは、必要とあればいつでも自由に、また手軽に書けるようでありたい——という意味であって、この程度のことでしたら、どんな人でもその人の心がけしだいで、決して出来ないわけではないからであります。それはちょうど、演説会などという特殊の場合でなくて、座談会というような場合には、だれでも自分の考えを自由に話せるようでなければならぬ、ということの延長というか応用みたいなものであります。

しかしこれだけ申しても、まだわたくしのいうことの真意が、よく分かっていただけない人もあろうかと思います。つまり座談会などで、自分の考えが自由に話せるようでなければならぬ、ということなら分かるが、自分の考えを自由に文章として書くということなんか、自分にはあまりその必要はないと思う——というふうに考えている人も、まだ少なくないかも知れません。

もしそうでしたら、わたくしの申したいことは、次のように言ってもよいのであります。ということは、人間は自分の考えを、少なくとも親しい間がらの人には、手紙で十分に伝えられるようでなければならぬ。もしそれが出来ないとしたら、この世の中に生きてゆく上で大いにさし支える——ということであります。と申すのも、どんな人でも手紙を書くことの必要がないという人は、まずは無いといってよいでしょう。ところが、それではそれらの人々が、手紙で自由に自分の意志を先方に伝えているかというに、そういえる人は案外少ないようであります。つまり書かねばならぬ手紙が、なかなか書けないという人が多いのであります。いな、書かねば義理を欠くような場合でさえ、なかなか書けないでいる人が少なくない、というのが世間の実情であります。

もっとも、わたくしがここで手紙のことを申すのは、手紙さえ書ければ、それで十分だという意味ではありません。もしそうだとしたら、題目も「手紙の書ける人に――」とするはずであります。何となれば、人間は手紙さえ書ければ、他のことは何ひとつ書けなくてもよいとは言えないからであります。たとえば、商店などをやっている人なら、新聞の折りこみのチラシひとつ入れるにしても、文章が書けるということが、いかに大事なことかということが分かるはずであります。実際ちょっと見ると同じような新聞の折りこみひとつでも、その人が文が書ける人か、どうかによって、ずいぶん気の利いたものにもなれば、また実にヤボ臭いものになるからであります。

さて以上によって、わたくしが今日何ゆえ「文章の書ける人間に」というテーマを選んだのか、大たいの気もちは察して頂けると思うのであります。そこで次には、「ではどうしたら自由に自分の考えを文章に書けるようになるか」ということが問題なわけですが、それに対してわたくしは、何といっても回数を多く書く他なかろうと思うのであります。いわゆる「習うより慣《な》れよ」であって、つねに書くことをおっくうがらぬようにすることが、文の書けるようになる最上の秘訣といってよいと思うのであります。

そこで、では実際問題として、一たいどうしたらよいかと申しますと、第一には、やはり「日記をつけることから」でしょう。現在みなさん方が、どのていど日記をつけていられるか存じませんが、とにかく日記をつけるということは、手がるに文章が書けるために一ばん楽な、手っ取り早い方法だと思うのであります。それというのも日記というものは、第一に自分がその日したことのあらましを書くわけですから、これほど書きやすいことはないはずです。そのうえ日記というものはその日のつごうで、短かろうが、長かろうが、一こうさし支えないわけです。ですからそういう点からいっても、文章を書く練習として、日記をつけるほど便利なことはないといってよいでしょう。そのうえ日記というものは、原則としては毎日必ず書かねばならぬわけですから、そういう点から考えても、文章を書く練習として、これほど適切な方法は、他にちょっと見出せないと思うのであります。実際どんなに考えてみましても、これほど楽で、しかも手がるな文章を書く練習法というものは、他にはなかろうと思うのであります。それに、毎日つけない日記というようなものは、特殊の例外をのぞいては、「日記」という意味はないといってよいからです。ですから、むかしからひとかどの人間になった人の中には、わかいころから日記をつけている人が多いのであります。

しかしこうは申しても、ただ日記をつけるというだけで、文を書くことの練習が一切すむかというと、そうはいえないと思います。ではその他に、どういうことが必要かと申しますと、それはやはり手紙でしょう。つまり、毎日日記をつけることによって、一おう文を書く基礎的な練習はできるわけですが、そのほかにも、時どき友人に手紙を書くことによって、いわば文を書くことの応用ができるわけであります。それというのも、日記というものは、前にも申すように、自分ひとりで自由に書けばよいわけですが、手紙となると相手がありますから、同じ事柄でも、相手のいかんによって、書き方を変えねばならぬからであります。

たとえて申せば、修学旅行に行ったとして、家へ帰ってから、それをかつて親しかった友人で、今は他府県の学校に転校した友人に知らせる場合と、以前自分の学校にいられて、よく理解して下さった先生で、今は他の学校へ転任になられた先生にお知らせするのとでは、同じ修学旅行の知らせでありながら、かなり調子の違ったものとなりましょう。こういうわけで、まず日記によって文章を書く土台の練習ができたら、つぎには親しい人々への手紙によって、いわば文を書く応用を試みるわけであります。

ではわたくしたちが、文章を書く練習としては、以上のべた日記と手紙という二つだけで十分かと申しますと、もう一つ、時どき学校で課せられる例の「作文」というものが、文章を書く力をつけるには、やはり非常に役立つように思われるのであります。それというのも、日記というものは、前にも申すように、いわば自分だけのものとすれば、手紙は一人の人を相手とする文章表現でありまして、そのいずれもが、直接の人間関係を離れていないのであります。

ところが実際には、そういうものしか書けないというのでは、まだ足りないのでありまして、人はそういう直接の人間関係以外の事がらについても、必要に応じては、ある程度自由に書けるということが望ましいのであります。つまりそうでないと、先ほども申すように、広告文ひとつろくに書けないというしまつです。いわんや最近のように、大学入試などにも「論文」が課せられるような時代になりますと、日記や手紙などのほかにも、一般的な客観的な文章が書けないといけないわけであります。そして、そういうものが書けるようになるためには、時どき学校で出される作文を絶好の機会と考えて、十分力を入れて書くようにすることが、他日意外なほどためになると申してよいでしょう。わたくしは子どものころから作文は好きなほうで、楽しんでよく書いたものですが、今日になってかえりみますと、それが大へん役立っているように思うのであります。

以上、文章が書けるということは、ひじょうに大事なことだということを申したわけですが、これだけ申しても、まだピンとこない人があるとしたら、そういう人にたいしては、「文章が書けて、自分の考えを自由に発表できるということは、将来自分の道を開いてゆく上で、ひじょうに有力な一つの武器になる」というコトバをもって、今日のこのお話を終わることにしたいと思います。

（先生、いつものように一礼ののち、しずかに壇を下りられ、校長先生とご一しょに退場された。）

第十八講——シュバイツァーについて

今日も名児耶先生は道服すがたで壇上に立たれ、一礼されると例により、今日のテーマをお書きになった。と同時に、つぎのような芭蕉の句を書かれた。

鷹《たか》一つ見つけてうれし伊良湖崎《いらござき》　芭蕉

皆さん！　伊良湖崎という地名をご存じですか。伊勢の鳥羽《とば》から船で愛知県の渥美《あつみ》半島へわたると、船の着いたところがこの伊良湖です。ところが、この伊良湖という処は、むかしから伊良湖の鷹といって、鷹で有名だったそうであります。そこで芭蕉も、この伊良湖の近くにいた杜国《とこく》というお弟子を訪ねたついでに、この伊良湖崎まできて、有名な鷹を見たいと思っていたら、ちょうど運よく鷹が一羽飛んでいたので、そのよろこびの情を詠んだというわけです。この句は、荒涼たる冬の海を背景として考える時、ひとしおの感がするでしょう。

この伊良湖崎には、わたくしも親しい友人があって、学生時代に二、三度訪ねたことがありますので、この句にはかくべつな、なつかしさが感じられるのです。もっとも現在は観光地になって、スッカリ荒れてしまいましたが——。

それから句の暗誦に入って、十名ほどの者が暗誦したが、一人ちょっとつまっただけであった。

今日はひとつ、アルベルト・シュバイツァーについてお話してみたいと思います。シュバイツァーは、現在「世紀の偉人」と言われるほどですから、その名を知らない人は、一人もないといってよいでしょう。つまりそれほど有名な人で、皆さん方の中には、あるいは学校の教科で教わったり、また図書室などでシュバイツァーに関する本を借り出して、自分で読んだという人も少なくないでしょう。ではついでに、皆さん方のうちで、なにかシュバイツァーに関する本を読んだことのある人は、ちょっと手をあげてみて下さい。（といわれると、何十人もの手があがった）ああ、そうですか。やはり沢山の人が読んでいるんですね。では、まだ読んでいない人は、今日のわたくしの話をキッカケに、何か一冊ゼヒ読んで下さい。

さて前おきはこれだけとして、ではシュバイツァーという人は、どうしてこんなに多くの人に、その名を知られているのでしょうか。こういうと、それは「シュバイツァーが偉い人だったからだ」という人が多いでしょう。もちろんそれに違いありません。しかし一歩をすすめて、「ではシュバイツァーは一たいナゼそんなに多くの人から、偉い人として尊敬せられるのか」ということになりますと、だれでもそう簡単に一口にはいえないと思います。それゆえ今日はひとつわたくし自身、シュバイツァーのどういう点にとくに頭が下がるかということについて、少しお話してみたいと思うのです。

そこで、シュバイツァーという人の偉さは、一体どこにあるかという問題ですが、この点については、わたくしの考えでは、大きくわけて二つの見方があろうかと思うのです。その一つは、シュバイツァーという人は、一たいどういうことをしたかという問題であり、いま一つは、そういう偉大な仕事をした真の原因は、一体どういう処にあったかということだろうと思います。そのうち前の方、すなわちシュバイツァーがどういうことをしたかという点については、皆さんも、すでにある程度のことはご存じだろうと思います。つまり当時恵まれなかったアフリカの土人たちのために、独力で病院をつくって、その医療のために一生をささげたということであります。

そこでわたくしは、今日はこうしたシュバイツァーのした事業の偉大さについてよりも、どうしてシュバイツァーという人は、そうした偉大な事業に、その一生をささげるようになったか——という方面について、多少お話したらと思うのであります。そしてこの方面こそ、シュバイツァーを「世紀の偉人」といわれるようにした、真の原動力といってよかろうと思うからです。しかもこうした大事な方面のことは、わりあいによく知られていず、とくに皆さん方のようなわかい人には、よく分かっていないのではないかと思うのであります。

さて、そういう点について述べるにあたり、まずわたくしの心に浮かぶのは、シュバイツァーのご両親が、リッパなキリスト教徒だったということであります。シュバイツァーのお父さんは、キリスト教会の牧師だったのであります。そのためにシュバイツァーは、ごく小さいころから、日曜日にはご両親につれられて教会にゆき、しかもそれを大へん喜んだということでありまして、のちにシュバイツァーの上に現われた色いろなリッパな点は、こうしてすでに小さな子どものころに、そのタネがまかれたと思うのであります。

そしてそのような素質《そしつ》は、すでに少年時代から芽が出かけていたと申してよいでしょう。そして、そういう点についてては、わたくしたちには、少年時代のシュバイツァーの逸話《いつわ》が、色いろと伝えられているわけでありまして、それらについては、皆さん方の中にもすでに先生からお聞きしたり、また本で読まれた方もおありだろうと思います。たとえば、少年のころ、ご両親がリッパな皮グツを買ってやったのにシュバイツァーは、友だちがみな粗末《そまつ》な木のクツしかはいていないのを見ると、自分だけがそういうリッパな皮グツなんか、はくわけにゆかないといって、どうしてもはかなかったとか、あるいはまたお父さんが、ある日リッパなボウシを買ってきて下さったけれど、これも同じような理由で、どうしても、かぶろうとしなかったとか、その他これに似た色いろな逸話があるのであります。

しかし、それらのうちで一ばん深い出来事は、まだ七、八才のころ、友だちと二人で山へ行って、その友だちからゴムのパチンコで、小鳥をうつことをすすめられたが、どうしてもその気になれなくて困りぬいた時、おりから教会のカネの音が聞こえてきたので、それがキッカケとなって、ついに小鳥を殺さずにすんだという思い出は、その後も毎年春のころになると、感慨《かんがい》ふかく思い出したということであります。

さて、このようにシュバイツァーは、両親からうけた遺伝的な素質の上に、キリスト教の「愛」の精神がタネまかれて、その後しだいにリッパな青年期をむかえるわけですが、その中で今日わたくしが、とくに皆さん方にお話ししたいと思いますのは、二十才になった時、シュバイツァーは自分の一生を見通した上で、大した計画を立てたという点でありまして、わたくしはシュバイツァーの真の偉大さは、すでにこの時に始まったとかたく信じるのであります。

では、一たいどういう計画を立てたかと申しますと、それは「自分は三十才になるまでに、ふつうの人間が一生かかってする仕事をしてしまって、三十才から以後は、人のためにつくしたい」という決心をしたのでありまして、この決心によってシュバイツァーは、歴史にその名の残るような偉大な人になったのだと、わたくしは信じて疑わないのであります。しかもシュバイツァーは、後にも述べるように、この二十才の時の決心を、一生かかってその通りにやりとげたのですから、実に大したものであります。では、二十才の時すでにそのような決心をしたシュバイツァーは、その後三十才までの間に、一体どのような仕事をしたのでしょうか。この点こそ実に問題であります。

ところがです。シュバイツァーが三十才までにしたことといえば、相当な人でも一生かかって、かろうじてやれるような大した事を、なんと三つも四つも仕上げたのですから、心から驚嘆せずにはいられないのであります。すなわち、第一は哲学の研究でありまして、この方面では学位をとっているのであります。つぎには、神学――つまり神についての研究――の方ですが、この方面でもすでに大学の教官として、講義をする身分になったのであります。ところがシュバイツァーはそれだけでなくて、さらに音楽の演奏家としても、相当な腕前になったのですから、まったく驚くほかありません。シュバイツァーが、演奏家としても、かなりな腕前をもっていたということは、その後アフリカで病院をつくるために必要な資金募集のために、ヨーロッパの各地で演奏会を開いて、その入場料が資金の一部にあてられたという一事によっても、窺《うかが》われましょう。そして最後にもう一つ、それはシュバイツァーはパイプオルガンといって、教会に備えつけの大《おお》きなオルガンの修理が出来たのでありまして、これのできる人は、ヨーロッパでもそうザラにはいないらしいのであります。

以上四つの事がらを、三十才までに仕上げたシュバイツァーは、そこでかねて二十才の時にした決心によって、それ以後の人生を他人《ひと》のために尽そうと覚悟したわけですが、そのさい問題となったのは、「ではそのために一たい何をしたらよいか」という問題でした。そして考え抜いたあげくのはてに到達したのが、これまで永い間、白人のためにしいたげられてきたアフリカの先住民にたいして、罪ほろぼしをしようということだったのであります。一口に他人《ひと》のために尽すといっても、色いろありますが、これは何という雄大で、しかも深い考えでしょう。こうした点にわたくしたちは、真に偉人の偉人たるゆえんを知ることができると思うのであります。

ところが、これらのこと以外にも、シュバイツァーの偉さの分かるもう一つの面があるのでありまして、それは白人の犯した罪ほろぼしをするとしても、一たい何をしたら良いかという問題なのです。ところが、それまでとても、白人で土人のために尽した人が全然無かったというわけではありません。しかしそれらの人びとの多くは、ほとんどがキリスト教の宣教師《せんきょうし》として、土人たちの中に入って行ったのであります。しかるにシュバイツァーは考えたのです。「人間は相手の心を救う前に、まずその身体を救わねばならぬ」と。もし宣教師として行くのでしたら、資格がありますからすぐにも行けたシュバイツァーでしたが、医師として土人たちをその病気から救うためには、シュバイツァーは、医師としての資格と実力を身につけねばならなかったのであります。それでそのために彼は、改めて医学部の一学生となったのでありまして、この一事だけを考えてもシュバイツァーという人が、いかに超凡《ちょうぼん》の人かということが分かるのであります。

ところが、その上さらに驚嘆せしめられるのは、そうして医学部の学生になったとしても、普通の人でしたら、当時すでに大学で講義をしていたわけですから、同時に両方をやるのはムリだからと、講義のほうは一時やめて、一医学生になるところでしょう。しかるにシュバイツァーは、文学部の講義をそのまま続けながら、一方では医学部の一学生として、講義を聞いたり実験をしたりしたのでありまして、つまりここでもシュバイツァーは、完全に二人前の仕事をしたわけであります。

こうして丸四年間努力することによって、医師の資格を得たシュバイツァーは、それからいよいよ、多年の夢だったアフリカ行きに着手するわけですが、さて第一に必要なものは、何といってもお金でありまして、それにはシュバイツァーは、㈠知人その他一般の人びとからの寄付金《きふきん》と㈡ヨーロッパ各地での講演㈢ならびに音楽会などによって、それを得たのであります。かくしてシュバイツァーが二十才のときに決心した一生の「夢《ゆめ》」は、三十六才にしてようやくその実現の第一歩をふみ出したわけですが、その地はアフリカの西南部で、当時フランスの植民地だったコンゴー地区のランバレーネというところで、掘立小屋にヤシの葉でふいた病院の建設から始めたのであります。そして自来五十年の永い歳月をその地に留まって、土人たちのためにその一生をささげて悔いず、八十何才という高齢で、ついにその地で最後の呼吸を引きとったのであります。その壮烈にして、しかも光輝ある一生は、たとえ時代はいかに変わろうとも、この地上に人類の生きるかぎりは、永く伝えられて消えないことでしょう。

しかも彼をしてかくあらしめた根本のタネまきが、その二十才の時にあったということは、最初にす

でに申した通りであります。少青年時代における人生のタネまきが、いかに重大な意味をもつかという
ことを、わたくしは今さらのように痛感せずにはいられないのであります。

（先生、いつものように一礼ののち、おもむろに壇を下りられ、校長先生と一しょに退室された。）

第十九講——旅行について

今日も道服すがたの名児耶先生をお迎えすることができた。壇上の先生は、静かに一礼ののち、今日のテーマをお書きになり、つづいて芭蕉のつぎの句をお書きになった。

若葉して御目《おんめ》の雫《しずく》拭《ぬぐ》はばや　　芭蕉

この句は、奈良の西の京の唐招提寺《とうしょうだいじ》の開祖である唐の坊さんの鑑真大和上《がんじんだいかしょう》が、当時海上の交通が極度に困難だった時代にもかかわらず、仏教を日本にひろめるために、はるばると中国から東支那海を越えて、わが国に渡ろうとし、しかも幾たびも難破の難に遭われながら、ついにその目的を達して奈良に着き、一宗を開かれたわけですが、その途中で鑑真大和上は、ついに盲目になってしまわれたのです。それゆえ唐招提寺には、盲目になられた鑑真大和上の像が刻まれ、現在も安置せられているのであります。

そこでこの句ですが、これは芭蕉がこの寺をたずねて、鑑真大和上の像を拝まれた時の感慨を詠まれた句として有名です。

「若葉して」と「御目の雫」とは、直接には何らつながりがないようでありながら、深いところではつながっているわけで、ここにこの句の尽きない深い味わいがあるわけでしょう。

それから例によって、これまでの句の暗誦をさせられたが、たいていの者がみなよく暗誦が出来るようになった。

さて、今日はすこし方面を変えて、ひとつ「旅行」の話をすることにいたしましょう。ではわたくしが、どうして「旅行」の話をする気になったかと申しますと、前週の今日は、芭蕉の伊良湖崎での句をご紹介したでしょう。そしてその時ちょっと申したように、わたくしも学生時代には、あの近くに親しい友人があったので、その友人の処をたずねた際に、一しょに伊良湖崎の辺を歩いたのでした。そのころ田舎《いなか》には、現在のようにバスなどという便利な交通機関はありませんでしたので、みな歩いたものです。**そのわたくしの親友の集落は、現在では福江町に合併されていますが、和地といって太平洋のわび**しい半農半漁の村でした。そこへ行くのにわたくしは、故里《ふるさと》の知多半島の半田から半島の突端の師崎《もろざき》まで行き、そこから篠島《しのじま》へわたり、そこから渥美半島の福江にわたり、福江から和地まで六キロくらいの道を、徒歩で峠《とうげ》を越えて行ったものでした。そして和地から伊良湖へゆくには、もう一度福江までもどって、そこからその当時海軍の射撃場のあった伊良湖まで、レールづたいにその友人と二人で歩いたものですが、その遠かった記憶は今だに忘れられません。その当時の伊良湖には、もちろん旅館などというものはありませんでしたから、その晩はある農家にたのんで泊めてもらいましたが、それは現在でいったらマア「民宿」という処でしょう。**ところが、その家に物が言えない娘がいましてね、その時の印象は、二十年もたった今日でもまだ忘れられられません。**

このようにわたくしは、学生時代にはたびたび徒歩旅行をしたものですが、それらは現在でも懐しい思い出となっているのです。そしてそれらの中には、こういうこともありました。それは親しい友人たちと、ひとつ、むかしの東海道を夜歩いてみようじゃないかというわけで、友人五名ほどと岡崎から豊橋まで、徹夜で歩いたこともあります。あの区間はどれほどの距離があるかハッキリしませんが、たぶん三十キロくらいはあったかと思うのです。それは学校の冬休みでしたが、われわれの一行は正午過ぎに岡崎に集まって、市内をあちこちと見学してから夕方岡崎を出発して、それから藤川、本宿《もとじゅく》、赤坂、御油《ごゆ》、豊川——と、むかしの東海道の旧街道を歩いたわけです。今では岡崎と豊橋の間は、名鉄電車で三十分もかからぬくらいですが、もちろんそのころ名鉄などというものは無かったからではありますが、そこをわたくしたちは、十時間近くもかかって徒歩であるいたものです。ですから、岡崎、豊橋間の旧東海道の宿場《しゅくば》の地名は、現在でも大体は覚えていて、こうしてそらで言えるわけです。このように、人間は自分が足で歩いた処というものは、いつまでたってもよく覚えているものですが、現在のようにすべてが乗り物でということになりますと、何度もつれて行ってもらった処でありながら、さて自分一人でということになると、案外分からぬものですね。

話のついでに、もう一つわたくしが学生時代にした徒歩旅行の話をいたしますと、それは故里《ふるさと》の知多半島の半田を夜たって、あくる日の早朝に、知多半島の西南端にある内海《うつみ》という町まであるいた夜の徒歩旅行です。その時は日比修平といういとこと二人だけでしたが、これも距離としては三十キロ前後はありましょう。その時はちょうど二人とも夏休みだったわけです。そこで日中は暑くてたまらんから、夜歩こうということになったわけです。

何でも夜の十一時すぎに、半田の叔父——同行したいとこの父親にあたるわけですが——の家をたって、二人で武豊の町から西南に折れて、ななめに知多半島を横切り、小鈴江《こすがい》に出て、それから上野間《かみのま》から野間《のま》、そして小野浦などという田舎の町や村々を通って、さいごに秋葉山という郡内第一の高い山に、ちょうど明け方に着いたのでした。眼下に伊勢湾と内海《うつみ》の町をながめた時のうれしかったことは、今も忘れられません。それともう一つ忘れられないのは、途中で警察の夜警の線に、三度ほど引っかかったことですが、それも二度目からは馴れて平気でした。向うへ着いたら、そのいとこの故里《ふるさと》の家がありましたので、そこでひと眠りしてから、キレイな内海の海で泳いだりしたものです。その当時内海の浜は、東海第一のキレイな海水浴場といわれたものでした。

さて以上は、わたくしが学生時代に試みたささやかな旅の経験の一端ですが、もちろん今日わたくしが「旅行」というテーマをかかげたのは、こうした徒歩旅行だけを申しているのではありません。そうではなくて、もっと今日の便利な交通機関を利用するのがふつうのやり方でしょう。しかしその点については、後にのべることにして、ついでにこのさい徒歩旅行のもつ意味について一言するとすれば、わたくしの考えでは、㈠徒歩旅行というものは、原則としては、自分の故里《ふるさと》を中心として、三十キロ前後の距離のところを㈡しかも出来ればなるべく夜間に歩くのが面白いと思います。ではナゼ夜間がよいかと申しますと、それは交通機関が縦横に発達した今日のような時代に、日中バスや電車の走っている道路を、テクテクと歩くのは馬鹿らしくてとうていがまんが、出来ないからであります。また徒歩旅行でもしようというのは、夏休みくらいでないとゆっくりできませんが、夏の日中に歩くということは、今日わかい皆さんたちには、とてもできないと思うからです。

ではナゼ交通機関の発達した現在でも、自分の故里《ふるさと》を中心とする三十キロ前後のところは、足で歩いてみるがよいかと申しますと、そうすることによって、その人びとには、いわば人間として一つの土台というか、「根」みたいなものが出来ると思うからであります。しかし何故そうかということについては、ここで申すことをひかえたいと思います。何故ならあなた方が考えてみられるがよいでしょう。

しかしわたくしが今日「旅行について」というテーマをかかげたのは、もちろんこうした徒歩旅行の話をするのが目的ではありません。現在のような時代の旅行としては、もちろん交通機関を極度に利用して、できるだけ広い範囲にわたることが望ましいでしょう。そしてそれは、現在交通機関の異常な発達によって、日本はもちろんのこと、世界全体がひじょうに狭くなってきたからであります。

では旅行というものは、一たいどういう意味というか価値があるのでしょうか。交通の不便な時代のむかしの人びとは、旅をするということは、大へんなことでしたから、そういう色いろな苦労をすることによって、つぶさに人の世の辛酸《しんさん》をなめ、それによって人間としても、ひじょうに鍛えられたようであります。そしてこの点でひとつのお手本といってよいのは、皆さん方もご存じの芭蕉だといえましょう。それというのも芭蕉という人は、交通機関の極度に不便だったあの徳川時代において、その住いは江戸の芭蕉庵でありながら、幾たびもの全国的な長旅をしているのであります。そしてそれらの旅のうち、もっとも長かったのは、例の「奥の細道」とよばれる長旅だったことは、皆さん方もすでにご存じでしょう。「奥の細道」の旅は、現在でいうと、関東平野から白河の関を越えて東北地方に入り、それからさらに日本海の沿岸を通って、新潟県から富山県へぬけ、そして石川県の金沢を過ぎて、前後百五十日、距離にして二千四百キロという長旅を、徒歩であるき通したわけでありまして、そのことは、「奥の細道」の中に出てくる色いろな句の上にも伺えるのであります。

　では、あの芭蕉の生きていたころのような交通の不便さは、まったく夢としか思われない今日のような時代において、「旅行」というものに一たいどのような意味があるのでしょうか。この点についてわたくしの考えでは、われわれ人間は、ひろく色いろな地方を見聞することによって、これまで自分のもっていた漠然《ばくぜん》とした「社会」というコトバのもつ内容が、広められたり、深められたりすると思うのであります。この場合わたくしが、社会というコトバで呼んでいるのは、その人のもっている世の中というものといってもよければ、また一般的にいえば「世間《せけん》」といってもよいでしょう。ではそのように自分**の世間が広くなるということは、その人にとって一たいどういう意味があるのでしょうか。それは男は、**学校を卒業しますと、その人の職業しだいでは、日本中はもちろん、時によっては海外へも行かねばなりません。そこでそういう事情を考えますと、学生時代にあるていど国内の主な地方を、ホンのあらましにもせよ、とにかく見ておくということは、直接間接に、他日大いに役立つと思うのであります。また女の人の場合を考えてみましても、女性は一たん結婚しますと、男のように手軽に家を空けるわけに参りませんから、世帯《しょたい》の重荷のない時代に、国内を見ておくということは、ある意味ではその人の一生の基盤を形成するとさえいえましょう。

　つぎに問題は費用の点ですが、国内旅行の費用は、原則としては親ごさんをわずらわすべきではなく、なるべく自分のアルバイトによってまかなわねばならぬと思うのであります。またその場合、アルバイトによって教わるところも案外少なくないと思うのです。いな、うっかりすると旅行そのものよりも、むしろそのための準備としてのアルバイトの苦労のほうが、世の中とか世間というものを知る上で、その収穫はより大きい場合さえないとはいえないでしょう。

そこで、次に、旅行の注意としては、出発前に十分な準備をしてかからねばならぬということであります。そしてそれには、まず日程《にってい》を立てねばなりませんが、その日程の立て方でへまをしますと、せっかくの旅行の意義も半減どころか全然ダメになる場合さえ少なくありません。そこで案はなるべく慎重に練る必要があるわけですが、それには色いろと参考資料をあつめて、十分に研究するがよいでしょう。そしてその種の参考資料としては、さし当たっては交通公社で手に入りましょうが、しかし多少立ち入った事がらとなると、やはり「百科事典」とか、その他色いろな参考書を見る必要がありましょう。同時にそうなりますと、すでにその方面の旅行をした先輩《せんぱい》に聞くとか、場合によっては、学校の先生にお尋ねしてみることも大切でしょう。とにかく現在の旅行は、むかしの旅行のように、雨でも降れば幾日でもそこに滞在するようなノンキなわけには参りませんから、あらかじめ水ももらさぬような綿密な計画を立て、それを元にして交通公社でよく相談して、周遊券とか民宿やユースホステル等々、その他利用できる事がらは、すべてそれを利用し、できるだけ経費を節約して、十二分の効果を上げることが大切だと思います。そしてこのような場合にはたらく知恵こそ、現実の人生で役立つ真の「英知」というべきものと思うのであります。

そこで最後に問題となるのは、一たい旅行には一人がよいか、それとも仲のよい友人数人と一しょがよいかということも問題でしょうが、この点については、人によってそれぞれ好みがあって、一がいに決定的なことは言えないと思います。そこでまず考えられることは、あなた方のような中学生とか高校生の場合には、どちらかといえば、仲のよい友だち数人と一しょに旅する場合が多くまたその方がよいでしょう。というのも、一人で旅をするというのは、どちらかといえば孤独な性質の人が多く、大学生とか、あるいは学校を卒業して社会人になった場合、とくに旅行にふかい趣味をもっているような人の場合には、一人旅のほうが良いという人も時どき見受けられます。いつかわたくしの出逢ったのはわかい女子大生でしたが、「わたくしは旅行は一人に限ると思います」といっていました。どうも日本にもスゴイ女性が出かかっていると思って驚いたですね。（一同爆笑）

とにかく一人で旅をするというのは、リッパな社会人になって、しかも旅行がふかい趣味だというような、いわばベテランの場合にはそれも良いでしょうが、みなさん方のようにまだ生徒の場合には、やはり仲のよい友だちと一しょというのが安全でもあり、また後日回想しても、そのほうがなつかしい思い出となることでしょう。

（先生、今日はどういうわけかニコヤカに一礼ののち降壇され、例により校長先生と一しょに退場された。）

第二十講 —— 見通しが知恵

今日も名児耶先生、道服すがたで壇上でお立ちになり、一礼ののち、今日のテーマをお書きになった。同時につづいて次のような芭蕉の句をお書きになられた。

夏草やつはものどもが夢の跡　　芭　蕉

この句はすでにご存じの方もおありかと思いますが、芭蕉が「奥の細道」の旅の途中で、奥州の平泉《ひらいずみ》の古戦場をたずねた時、そこで詠んだもので、古来人びとによく知られている句であります。ちなみに平泉は、現在では岩手県の南部で、水沢と一ノ関との間にあります。

そのさい芭蕉は、今は一面に夏草の原となっている辺に腰打ちかけて、義経主従がこの地で亡くなったことはもとより、さらに藤原氏三代の栄華の跡をしのんで、如何にそのはかないかを痛感して、感慨に堪えなかったのが、この句となったのでしょう。いわゆる「三代の栄華も一睡《すい》の夢」というわけです。

なおこの句の背後には、中国の詩人のよんだ詩の中にある「国破れて山河あり。城春にして草木深し」という有名な一句が予想せられていると、昔からいわれているようです。

そこで例により、これまでに教わった芭蕉の句の暗誦をさせられたが、近頃ではみんなよく暗誦が出来るようになった。

さて今日のテーマは、ここにも書いたように、われわれ人間の知恵というものは、まず「先を見通すことだ」という意味ですが、しかし単にこう申しただけでは、一たい何をわたくしが申そうとしているのか、ハッキリしない人も多かろうと思います。

そこでお話に入る前に、とりあえず先ず申しておきたいのは、わたくしは「人間の知恵のあるなしは、その人がどこまで先の見通しがつくか否かによって分かる」と申したいのであります。このように申しますと、皆さん方の多くは、さぞかし意外な感じをされるに違いないと思います。それというのも、皆さん方の多くは、知恵とは、漢字がよく読めたり、書けたりすることとか、また数学の問題がよく解けることなどと、考えていられるかと思うからです。もちろんそれらの知識も、それぞれにわたしたちの生活に必要ではありますが、しかしギリギリの真実を申せば、そういう事がらは、いわゆる「知識」というものであって、どうも「知恵」というものとは違うのであります。では、わたくしがここで「知恵」と呼んでいるものは、一たいどういうものかと申しますと、さしあたりその一つが、ただ今も申すように、「一たいどれほど先の見通しが利《き》くかどうか」ということによって、ある程度計れるのではないかと思うのであります。そしてこのことは、これからわたくしが話してゆくうちに、皆さん方にもしだいにお分かりいただけるかと思います。

ところで、わたくしがここで「先の見通しが利く」というのは、色いろなことについて当てはまるのでありまして、たとえば「明日は学校の遠足だから、今夜は十分に睡眠をとっておく必要がある。だから今夜はいつもより早く寝よう」というわけで、好きなテレビの番組も見るのを止めて、早目に寝るというようなことです。これに反して明日遠足だということはよく知っていながら、テレビに巻きこまれて、いつまでも起きていて、そのために翌日は早く疲れてしまう――ということなどは、わたくしから申せば、やはり「知恵」のあるなしの問題だと思うのであります。

つぎにもう一つの例をあげれば、試験の準備をするには、大たい何日ぐらい前から始めたらよいか、ということをよく考えて、ハッキリした見通しを立て、その通りに準備したので、こんどの試験には十分の支度ができ、おかげで良い成績がとれたというのと、それとは反対に、見通しを立てそこなったり、また見通しは一おうつけたけれど、その通りにやらなかったために――それも結局は真の見通しが立たなかったというわけですが――とんだへまを仕でかしたということなども、やはり「知恵」の有る無しの問題といえるかと思うのであります。

では次に、いま少しく、皆さん方の毎日の生活に関係ある事がらについて申してみますと、たとえば、クラブ活動ひとつえらぶ場合にも、それが先になって、どういう結果になるかということを、よく見通してえらばないと、その時はよいつもりでも、先になって、後悔する場合が少なくないようであります。

たとえば、運動部に入ってからだを鍛えるということは、大へん良いことですが、しかし人によっては夜になると疲れてしまって、どうも勉強ができなくなり、そのために自分が入りたいと思っていた学校へも、ついに入ることができなくなった、というような場合も少なくないようですが、こういうことなども、わたくしから申せば結局、自分の前途に対する見通しがよく利かなかったというわけであります。

しかしながら、この程度ではまだそれほど悲惨というほどではないとしましても、もう少しヒドイ場合を申しますと、将来大学に入るというような場合に、自分の素質は文科系にもかかわらず、周囲の人びとに動かされたり、あるいは自分自身の迷いからして、理工科系の大学に入ったために、どうも学校がおもしろくなく、卒業の前年くらいになって、ついに転部したために、卒業が二年も遅れるなどという場合は、まったく「先の見通し」をあやまった悲惨な一例といってよいでしょう。

ところで、以上あげたような例では、それでもまだ卒業の前に学部を変わったのですから、二年遅れはしても、とにかく自分の身についた仕事にもどることが出来たわけですが、世間にはこうした場合、思い切って転部もようしないで、そのまま卒業してしまったために、一生不得手《ふえて》な職業から離れ得ないで、一生を送ってしまう人さえ決して無いわけではないのです。しかしこうなっては、文字通り「悲惨な一生」ということになってしまいましょう。

では、どうしてこういうことになったかと申しますと、結局その人が先の見通しが利かなかったという他ないでしょう。もっとも、ここでわたくしが、先の見通しが利かなかったというのは、必ずしも世の中がどう変わるか、その点の見通しが利かなかったという意味ではありません。世の中がどう変わるかという問題となりますと、現在のような時代には、いかに聡明な人でも、ハッキリしたことは言いかねるかと思います。それというのも、社会というものは、ひじょうに複雑な事情によって変化してゆくもので、とくに現在のような時代には、国際間の情勢によって大きく変化しますから、どんな偉い人でも、世の中が将来どう変わってゆくかということを、確実に見通せるような人は多くはあるまいと思います。

ですから、わたくしが先ほどあげたような例は、いずれも本人としての自分自身の将来の問題ですから、少しく考えれば、大たいのことは分かるはずであります。すなわち、社会情勢のいかんにかかわらず、自分としては、どちらの道を進むのが本当かということは、大たいのことは分かるはずでありまして、それが分からぬというのは、眼の前の小さな欲に引っかかって、それによって、先を見通すことが妨《さまた》げられているからであります。そしてそれは、前の例で申せば、クラブ活動と勉強との関係であり、また後の例で申せば、自分の長所をのばすには、どういう種類の学校なり学部に入るべきかということ、すなわち学校および学部の選択の問題であります。

これらの例によってもお分かりのように、われわれ人間にとっては、先の見通しを誤らぬということが、その人の「知恵」のあるなしの分かれ目だということが、皆さん方にも、多少はお分かりになったかと思うのであります。ですから、こういう意味での「知恵」の有る無しということは、漢字を一字書き損じたとか、あるいは数学を一題間違えたということなどより、はるかに重大な問題だといえましょう。

では、どうしてわたくしが、このような事をいうかと申しますと、それはどこまで将来の見通しが利くかどうかということが、あなた方にとってもっとも重大になってくるのは、将来あなた方がどういう職業につくかということと、今ひとつはどういう結婚をするかという問題に際して、もっとも重大な役割りを果たすことになるからであります。つまりこの二つの問題について、誤りを犯すかどうかということは、ほとんど人間の一生を左右するといってもよいと思うのであります。ところで、結婚問題については、この際しばらくカッコに入れるとして、職業選択の問題については、そうとう前から色いろと考えるべきだと思われるのに、人々の中には、高校の三年生くらいになるまで、大して考えないという人も少なくないようですが、こういうことはわたくしから申せば、大ウカツだと言いたいのであります。なるほど、あまりに早くから自分の職業を決めてしまうということにも、もちろん問題はありましょう。しかし職業について色いろと考えるということは、かなり早くからでも、一こうさし支えないと思うのであります。

そしてそういう意味からして、あなた方ももうボツボツ将来の自分の職業について考え始めても、良くはないかと思うのであります。またこのように考えればこそ、今日こうしたお話もするわけでありま す。と申すのも、こういう問題についてボツボツ考えていれば、色いろな人の話を聞くにつけても、それらの一つ一つが、色いろな意味で参考になるからであります。

ついでながら、わたくしが、自分の一生の仕事について考えはじめたのは、小学校の三、四年生のころだったかと思います。こう申しますと、現在の皆さん方は、そのあまりに早いのを不思議に思われることでしょう。しかしこれは事実ですからいたし方ありません。わたくしが子どものころに育った家のすぐ前隣りはお医者でしたし、また他にもお医者でわたくしを大へん可愛がって下さった方がありまして、「医者になるのだったら、学資を出してあげるが――」とまでいって下さった方もありました。しかしわたくしは子どものころから、「自分は学校の先生になろう」と考えていましたので、せっかくのおコトバでしたが、少しも心を動かしたことはありません。またわたくしの実父が、一時「大学は工科へ入ったら――」と申したこともありましたが、これにも一さい耳を傾けないで、小学の四年生のころから考えた「教育者の道」をたどることにしたのであります。ただ途中から子どものころに考えた小学校の先生になるのとは、多少違った道を歩むことになりましたが、根本的にはさほど変わったわけではありません。ですから、こうして現在のわたくしは、ある意味では一所不住《いっしょふじゅう》の浪々《ろうろう》の身の上ですが、しかし自分自身としては、心の底から満足していて、一度として後悔などしたことはありません。それというのもこの道は、わたくし自身にとっては、先ほども申すように、考えに考え、練りに練ったあげくのはてだからであります。こうしたわたくしの打ち明け話が、皆さん方の将来のために、多少なりともご参考になれば、幸いであります。

（先生、感慨深そうに話を終えられ、一礼ののち降壇、例により校長先生と一しょに退場された。）

第二十一講――秋

道服すがたの名児耶先生をお迎えする。例によりしずかに壇に上がられ、一礼ののち、今日のテーマをお書きになる。つづいて次の芭蕉の句が書かれた。

五月雨《さみだれ》を集めて早し最上川　　芭蕉

この句は、はじめ「五月雨を集めて涼し」となっていたのが、このように改められたとのことです。そこでわたくしどもにも分かることは、「五月雨を集めて涼し」というのでは、最上川をまだ下らぬ前に、川をながめて詠んだ句という感じがします。ところが、山形県の大石田という処から――ここは歌人の斎藤茂吉が、戦時中に疎開していたので、再びその名を知られるようになりましたが――日本三急流の一つといわれる最上川を川舟に乗って、いくつもの難所を過ぎて、酒田港にいたるまでの長い距離を下ったのであります。そしてその実感によって、「五月雨を集めて涼し」では、とうていその物すごい感じの出ないことが分かって、ここに見られるように、「五月雨を集めて早し」と改めたようですが、この辺の気もちは、皆さん方にもお分かりになられるでしょう。

それから例により、これまで教わった芭蕉の句十句を、暗誦させられたが、今日は十人のうち一人とまどったただけだった。

　昨今は、大ぶん秋らしくなって来たですね。ところで皆さんは秋になったということを、何によって一ばんふかく感じますかね。（すると数人が挙手。そこで先生がその中の一人を指されると、「涼しくなるからです」と答える。先生うなずかれながら、もう一人に当てられると、「空の色が澄《す》んで来るからです」と答える。先生は一々うなずかれながら――）ただ今二人の人のいわれたように、秋になりますと、とくに「お彼岸」と呼ばれる九月二十二・三・四の三日を過ぎますと、さすがに暑かった残暑も去って、朝晩は急に涼しくなり、ことに十月に入ってからの空の澄みようは、たまらぬほどですね。亡くなった作家の有島武郎さんが、「もう一度〝日本の秋〟を見てから死にたい」といわれたということですが、実さい有島さんならずとも、日本の秋はいいですね。もっとも、良いといえば、春・夏・秋・冬、それぞれ特有の良さがあるといえましょう。しかし四季のうちで、どこが一ばん好きかと尋ねられれば、わたくしとしては第一は早春ですが、そのつぎはやはり〝秋〟と答えるでしょう。そしてそれは、先ほども言ったように、気候がよくなって、地上の万物がようやくその落ち着きを示すようになるからでしょう。

　では、何ゆえ多くの人が、四季のうちでは秋が良いというのでしょうか。その点についてわたくしは、一おう「秋には地上の万物が真の落ちつきに入るから――」と申しましたが、それは一方からいえば、秋は実のりの季節だからともいえましょう。稲はもちろんのこと、いわゆるなり果物の多くも、結局は秋が一ばん多いといってよいでしょう。そういえば、春には実の成る果物というものは、ほとんど無いというに近いのではないでしょうか。しいて言えば、いちご、山桃、そしてゆすら梅にぐみくらいの他は、ちょっと思いあたりませんですね。なるほどリンゴやナシ、その他秋に実る果物の多くは、春その花は開きますが、しかしそれらの実るのは、ほとんどすべて秋だといってよいでしょう。
そういえば、春実《み》のなる果物が少ないように、夏に熟する果物というのも、比較的少ないのではないでしょうか。

そこからして人間は、その代わりに西瓜をはじめとして、色いろな瓜るいを作り出したともいえましょう。ついでながら、夏に入る初めのころになる果物として、しいて申せばビワとか、夏ミカンのような物がないわけではありません。同時にこれらの果物の花が咲くのは前の年であって、ビワの花の咲くのは前年の暮です。さらに夏ミカンの花にいたっては、前の年の五、六月のころです。

さて、話が少しわき路へ外れましたが、昨今は実りの季節でありまして、すべての物が完成する季節であります。そしてそのことが、やがてまたわれわれ人間にとっても、心の落ちつきが得られるのでしょう。それというのも、すべて物事というものは、完成することによって、心が落ちつくものでありまして、それは言いかえますと、「大自然」によってその「生命」を与えられた万物が、それぞれの使命を果たすからでありましょう。

同時にこのように、物が完成するということは、同時にそこに「美」をともなうのが常であります。成熟して真赤になった柿やリンゴの色の美しさは、今さら申すまでもありませんが、一般には美ということなどとは大よそ縁遠いと考えられている田圃《たんぼ》の稲などにしましても、それが一面に黄熟《こうじゅく》した場合には、一種の美しさが感じられるのであります。ですから、そういう黄熟した稲田が風に吹かれている趣を、むかしから「黄金《こがね》の穂波《ほなみ》」とも呼ぶのであります。

また、晩秋のころともなれば、楓《かえで》をはじめとして、一ぱんに樹木の葉が見事に色づくことは、皆さん方もよくご存じのことであって、紅葉の美しさを賞美するのは、ひとりわれわれ日本人だけでなくて、中国の人びとも同様らしいことは、むかしから中国の詩人の詠んだ詩によって伺えるのであります。いや、そういう点では、むしろ中国の方が先輩といってよいようです。

しかしながら、秋についてわたくしの申したいと思う今ひとつのことは、秋はわれわれ人間にとって、心の冴《さ》える季節だということであります。いな、秋という季節は、ひとりわれわれ人間の心が冴えるばかりでなくて、天地間の万物が冴えわたる季節だともいえましょう。そしてその点が最もいちじるしく感じられるのは、やはり空が冴えてくることでありまして、秋風の吹きそめる頃ともなれば、あの夏空が濃紺《のうこん》だったのが、いな、ある意味では黒味さえ帯《お》びていた夏空の色が、急に淡《あわ》く澄《す》んでくるのであります。

そういえば、皆さん方は「立秋《りっしゅう》」というのは、一体いつ頃かご存じですか。ことしは何日だったかわたくしもウカツでしたが、大たい八月の八日ごろが多いようであります。そのころは、日中はまだ夏の真っ盛りで大へんな暑さです。が、しかしその頃になりますと、朝夕は、とくに朝早く起きて空をながめますと、あのドス黒いとまで思われた真夏の空の色が、急に淡《あわ》くなり、一脈のすがすがしさが感じられるのであります。そして、日中はまだ酷暑のつづきでありながら、朝夕の風だけは、急に一脈の冷気を覚えるようになるのであります。同時にもう一つつけ足しますと、その頃になりますと、桜の葉が一葉二葉散り始めるのでありまして、あの「一葉《よう》落ちて天下の秋を知る」というコトバは、わたくしにはどうも立秋直後に、一葉二葉散りはじめる桜の葉によって、その実感を覚えるのであります。

ついでながら、ただ今申した立秋はもちろんのこと、たとえば立春にしましても、それぞれ季節の変わり目という意味でありまして、たとえば「立春」なども、多くは二月のはじめのころの年が多くて、そのころはまだ見渡すかぎり、一面に厳冬《げんとう》の風物《ふうぶつ》の唯中にありながら、しかもその気になって見れば、何かしら一脈春の気配《けはい》が、そこはかとなく感じられるようになるのであります。つまり、厳しい真冬のドン底に達したところ、すでにほのかに春の気配が兆《きざ》し動き出すのでありますが、しかしそれはまだ、まったく「気配《けはい》」という程度でしかないのであります。ですから、ボンヤリした人びとは、そのようなほのかな季節の移り変わる気配《けはい》などは、つい気づかずに見過ごす人も少なくないようであります。しかしながら、このような季節の移り変わり、すなわち天地の運行の微妙な気配を、わたくしたちは見過ごさないようでありたいと思います。つまりこうしたことこそ、真の意味における「人間的教養」といってよいからです。つまりこうした事がらは、むかしから人びとが「たしなみ」というコトバで呼んでいる事がらと、けっして無縁ではないと思うのであります。

さて、前にも申したように、秋という季節は、空気が澄んでくるからでしょうが、空の色も冴《さ》えざえとしてきて、われわれ人間の頭もしぜんと冴えてくるのであります。それ故むかしから、秋はまた読書の好季節とも言われているのであります。つまり人間は頭が冴えて来ますと、これまでハッキリしなかったような箇処《かしょ》も、スラスラ透《す》けるように分かってくるからでしょう。あるいは、それまでとても、表面的な文字の意味は分からないわけではなかったけれど、それでいて、どこかもうひとつピッタリしないもどかしさが感じられた箇処なども、今やスラスラ分かるという程度を越えて、まるで著者その人の心の中へ融け込んでゆくような気もちにさえ、時にはなるのであります。

いかがです。皆さん方も、本を読んでいて、こうした気持ちになったことがありますか。しかもそれは、季節の上からは、どうも秋という季節に一ばん多いのではないでしょうか。つまり秋という季節は、わらくしたちが本を読んでいて、そういう心境に一ばんなりやすいようであります。そしてそれは、秋は先ほど来《らい》申すように、天地万物が澄んでくる季節だからであります。そしてそのために、われわれ人間の頭脳も、それに応じて澄んでくるのでしょう。かくして秋は人間にとって、ひとり頭脳が冴えて来るというだけでなくて、実はわれわれ人間の心情までが、清らかになる季節とも言えるのであります。

このように考えて来ますと、わたくしにはこうした秋の季節を、もっともよく象徴する植物が一つ心に浮かぶのであります。それは一たい何だと思われますか。わたくしがこのように申しますと、皆さん方の中には、「それは秋の七草の一種に違いない」とか、さらには「秋の七草の中だったら、たぶん桔梗《ききょう》だろう」などと思う人もおありでしょう。たしかに秋の七草は、われわれ日本民族において永い伝統をもつものとして、それぞれ秋の趣をやどす風情《ふぜい》をもった植物といえましょう。中でも桔梗などは、あの色といい形といい、「秋の七草」を代表すると見る人があっても、けっして不思議ではないと思います。

しかし今わたくしが申したのは、桔梗でもなければ、そのほかの秋の七草でもありません。では何かと申しますと、それは実は葉鶏頭《はげいとう》なのであります。皆さん方は、葉鶏頭という秋の植物をご存じですか。あれは別名を「雁来紅《がんらいこう》」ともいいますが、それはあの植物は、秋になって雁が日本の国土にわたって来るころになりますと、その葉が透《す》けてくるからであります。つまり秋の冷気が深まりゆくにしたがって、それまで葉の中に沈んでいた紅《くれない》の色が、何ともいえぬ鮮《あざ》やかな色に透《す》けて来るのであります。そしてその冴《さ》えざえとした透《す》けた色の美しさに、わたくしは紅葉以上に心を引かれるのであります。そして、あの透けた美しさに対してわたくしは、時どき「天的」な美しさを感じることがありますが、実さいある意味では雁来紅ほどよく、秋を象徴する植物はないともいえましょう。

では何故わたくしは、このように雁来紅のような、わり合い人びとの注意しない植物に、かくも深く心を引かれるのでしょうか。わかい頃には、わたくしも唯好きで心を引かれるだけでしたが、不《ふ》惑《わく》の齢《とし》を迎えた近ごろになりましたら、「自分も将来齢《とし》をとって〝人生の秋〟を迎えるころともなったら、あの雁来紅の葉のように、今よりは多少とも心が澄んで、透けてくるようでありたい」という秘かな希《ねが》いが、心の底深くひそんでいるせいかとも思うのであります。

（今日は、いかにも秋を思わすお話で、先生のようすも、いつもとはどこか違ったけはいが感じられるのであった。）

第二十二講——美について

今日も道服すがたの名児耶先生をお迎えしたが、お元気そうである。例により静かに壇に上がられ、一礼されたのち、今日のテーマをお書きになった。そしてつづいて、芭蕉の句を書かれたが、それは、

閑《しず》かさや岩にしみ入る蟬の声　　芭蕉

という句であった。そして先生はこの句について

「この句は『奥の細道』にのっている沢山の句の中でも、随一の佳作であると人びとから定評のある句のようであります。これは山形領の立石寺《りつせきじ》という全山が岩で成り立っている深山で、その上に松柏が茂っている山寺で詠んだ句といわれます。時候は旧歴五月下旬とありますから、今でいえば六月の下旬ごろで、まだ蟬《せみ》の声は多くないころです。ところが、全山寂《せき》として、何の物音もしないただ中で、フト蟬の声が耳に入ったというわけです。そこで芭蕉は、それに耳を澄ますと、蟬の声はしだいに一すじの閑けさの中に融けこんでゆく——その微妙な得もいわれぬ境地を、芭蕉はこのように端的に表現したのであって、芭蕉ならでは、とうていこうは詠めないでしょう」と感慨深そうに、しばし味わっていられた。

さて、前の週には、「秋」というテーマで、わたくしの平ぜい考えている事がらの一端について、何く

れとなく心に浮かぶままをお話してみた次第でした。ですから、お話した事がらについては、べつに順序とか脈絡《みゃくらく》というようなものはありませんでしたが、しかしあれによって、若いみなさん方を取りまいている季節の風物《ふうぶつ》というようなものに対して、多少なりとも心をむけ、そこにこもっている季節の味わいとでもいうようなものを、味わう手掛りにでもなったら、わたくしとしては有難いのであります。

ところで、あの際にも申したことですが、われわれ人間にとって、真の教養というものは、たんに書物を読むとか、あるいは西洋の音楽を聴くというようなことだけではないのであります。そうではなくて、それには何よりも先ずわたくしたち自身が、日々生活している周囲の環境、とくにそれが季節によって、微妙に変化してゆく有様を深くするどく観察して、そこに見られる趣を、静かに見つめて味わうということが大切かと思うのであります。そしてそれは、やがてまたその人が、自己をとり巻く周囲の人びとの気持ちを察する上にも、大きな力になるわけであります。

ところが、われわれ日本人は、世界の他の色いろな民族の中にあっても、こうした点ではかなり偉《すぐ》れている方ではないかと思うのであります。そしてそこからして、この前には申しませんでしたが、歌とか俳句というような、庶民的な短詩型の文学が盛んなことは、皆さん方もご存じの通りです。いな、それればかりか、あなた方の中には、現にこうしたものをやっている方もおありでしょう。こうした点については、いずれそのうちに、改めてお話したいと考えていますが、とにかくこのように、短歌や俳句のような短い詩型の文学があって、それが専門の詩人でない一般の国民によって、ひとり鑑賞せられるだけでなく、すすんで創作もせられるということは、世界の他の国々ではまったく見られない現象といってよいようであります。

もっともこうしたことは、あなた方のような若い人たちには、大したこととも思われないでしょうが、しかしわたくしのような立場のものから考えますと、これはわれらの民族にとっては、なかなか重大な問題であり、ひじょうな特色といってよかろうかと思うのであります。すなわち、これはやや改まったコトバで申せば、われわれ日本民族の文化の中でも、もっとも根本的な特色の一つと申してよいかと思うのであります。

数年前にわたくしは、「日本文化論」という書物を書いたことがあります。ところが、その当時は、なるほど新聞や雑誌の上では、さかんに日本文化に関する論文や随筆などはのりましたが、しかし首尾《しゅび》一貫した立場に立って、日本文化の特質について論じた書物は、そのころはまだ一冊もなかったのであります。ですからわたくしも、その書物を書く時には、かなり苦心したものであります。

ではそれらのうち、一たいどういう点に一ばん苦心したかと申しますと、それは「日本文化」のいちばん根本的な特色は、一たいいかなる点にあるかという問題だったのであります。そしてわたくしが、最後に到達したのは、日本文化の根本的な特色の一つは、結局「美」ではないかと考えたのであります。つまりわれわれ日本民族の文化には、なるほど色いろな特色がありますが、しかしそれらのうちで、何が一ばん根本的な特色かというと、それは結局「美」に対する感覚または感受性が、もっとも特徴的ではないかと考えたのであります。そして、このような見解に到達して、わたくしもひと先ずホッとしたのであります。

ところが、そういう喜びもつかの間で、やがてわたくしは、第二の疑問に突きあたったのであります。それはどういう事かと申しますと、たんに、美的な感覚とか感受性、ないしは美的鑑賞力を持っているということだけでは、必ずしもわれわれ日本民族だけの特色とは言えないのでありまして、なるほどその様式とか趣は違いますが、しかしいずれの民族も、皆それぞれ特有な芸術を生み出しているのでありま す。そこで、そういう点から改めて考え直してみますと、何もわれわれ日本民族だけが美的感覚において優《すぐ》れているなどとは、言えなくなったのでありまして、これにはわたくしも、はたと行きづまってしまったのであります。

と申しますのは、たとえば西洋諸国について見ましても、絵画にしろ、音楽にせよ、はたまた彫刻などにしましても、なるほどわれわれのそれとは根本的にその様式は違いますが、しかしかれらの芸術が、われわれのそれよりも劣《おと》っているとは必ずしも言えないと思うからです。それどころか、現在のわが国の芸術界を見ますと、むしろその大部分が西洋諸国の芸術を模倣《もほう》し、かつそれらに化せられつつあるといってよい有様であります。なるほど、それらのうちには、いわゆる行き過ぎというべきものも無いわけではないでしょう。しかしまた、現代のわが国の芸術家の多くが、これら西洋の作品の影響を深く受けつつあることは、やはりそれだけの理由があると、わたくしも思うのであります。では、それは一体どういう理由によるかと申しますと、一口にいって現在われわれ日本人の生活は、かなりの程度において、彼ら西洋人の生活に近づいているのであります。すなわち現在では室町時代や徳川時代の生活よりも、ある意味では西洋諸国の生活の方に、より多くの共通点があるからであります。

そこで、こういうことになりますと、わたくしが先に、われわれ日本民族のもつ文化の最大の特徴が、「美」にあると考えたことが、どうも怪しくなって来たのであります。つまり、そのような考えに動揺を来たしたわけであります。しかし、だからといって、では一たい「美」以外にいかなる文化的特徴があるかということになりますと、残念ながら他にはちょっと見出しかねるのでありまして、これにはわたくしも、ホトホト困ってしまったのであります。

ところが、そうこうしているうちに、わたくしの心の中に一つの微《かす》かな光が閃《ひらめ》いたのであります。それはどういうことかと申しますと、なるほど、いわゆる芸術品としての美ということになると、彼は彼なりに、また我われはわれわれなりに、それぞれ違った様式ではあっても、その間《かん》にわかにその優劣は言い難いと思うのであります。しかしながら、「美」というものが、民族の日常生活の中に浸透し融《と》け込んでいるという点になりますと、少なくともこの点では、われわれ日本民族は、他の民族とくらべて遜《そん》色《しょく》がないばかりか、やはり一だんとその特色があると言えるのではあるまいか——と、そのように考えついたのでありまして、この時の喜びは、今日かえりみましても、忘れられぬほど大きな喜びだったのであります。

もちろんこうはいっても、すべて物事というものは、比較的、相対的なものですから、もちろん彼ら西洋人も、彼らなりにやはり特有な「美」を、その生活の上にも生かし、かつ味わっていると考えているでしょう。しかしこのように、「美」が日常生活の中に滲透し生かされている点では、何といってもわれわれ日本民族が、一だんと立ち勝《まさ》っているかと思うのであります。では、そうしたことは一体何処からそうなったのでしょうか。かく考えてわたくしは、やはりわれわれの住んでいるこの日本という国土のもっている風土的な影響が、その根本をなしているのではないかと思うのであります。

なるほど、人びとの中には、それらは民族のもっている根本的な性情《せいじょう》のためだという人もありましょう。もちろん、わたくしとても、そうした考え方をむげに否定するわけではありません。しかしながら、物と心と体の三つは、相即《そうそく》的、相関的でありまして、つまりこれら三つのものは、たがいに深く関係しあって、切り離すことのできない、深い関連があると思うのであります。たとえば、先ほども申したように、四季の変化に対して、われわれの祖先が、微妙な反応を示して来たということは、これを歴史の上に見ましても、まったく争えない事実だと思うのでありまして、それは例えば俳句における、季語《きご》というようなもの一つをとってみても明らかであります。この「季語」というのは、皆さん方はまだご存じないでしょうが、俳句には必ず季語といって四季の中のどれか一つの季節を象徴するコトバが入っていなければならぬのでありまして、たとえば最近ご紹介した芭蕉の句で申しますと、五月雨とか、蟬とか夏草などというのは、いずれも夏を象徴する季語であります。

以上、色いろな事がらについて申して来ましたが、ではわたくしは、一たいどういう点を主眼として考えてきたかと申しますと、それはすでに度たび申したように、われわれ日本民族の文化において、一ばん特色をなしているのは何かといえば、それはやはり、美的感覚において比較的すぐれているという点であって、とくに日常生活の中に美的感覚というか、美的な趣味がよく生かされているという点でありまして、この点では世界のどの民族とくらべても、遜色《そんしょく》はなかろうと思うのであります。

そこで今、皆さん方に対するわたくしの希望としては、やはりこうした伝統的な民族の美的な趣味は、将来といえども、大切に守るようにして頂きたいということであります。それにはまだ申しませんでしたが、生け花はもちろん、盆栽などという趣味も、いかにも日本人らしい趣味だと思うのであります。人によっては、盆栽などというものは、樹木の自然性をそこなう、あまりパットしない趣味だと考える人もあるようですが、わたくしはむしろそれとは反対に、せまい空間の中に、われわれ人間の工夫によって、一小天地を出現させるものであって、一鉢の盆栽の中に、悠々たる天地の趣を鑑賞するという意味では、西洋には見られない一種独特な美の生活化といってよかろうと思うのであります。いわんや垣《かき》根《ね》に、朝顔や夕顔のタネをまいて、朝夕それを楽しむということなどは、ほとんど何らの費用も要しない、もっとも手軽な、美の日常生活化といってもよいでしょう。ついでですが、皆さん方のうちで、お父さんが盆栽のお好きな方は、ちょっと手をあげてみて下さい。（すると十数名の手が上がった）そうですか。それはいいご趣味ですね。皆さん方も今のうちから、お父さんの手入れをなさる処をよく注意して、よく見ておくがよいでしょう。将来かならず役に立つ時がありましょうから――。

（ここで話を終えられた先生は、一礼ののち壇を下りられ、校長先生と退場された。）

第二十三講——詩のわかる人間に

今日も道服すがたの名児耶先生をお迎えしたが、もう何年も前から、先生のお話をお聞きしているような親しさを覚えるわれわれであった。

やがて先生は、例により壇上に立たれて一礼されたのち、今日のテーマを書かれ、つづいてつぎの芭蕉の句をお書きになった。

荒海や佐渡によこたふ天の川　　芭蕉

この句もまた「奥の細道」の中にある句で、多くの人々に知られている有名な句であります。芭蕉は、前にご紹介した「閑かさや」の句を、山形領の立石寺《りっせきじ》でよみ、それから出羽の酒田に出、ついで越後の出雲崎にやどって、ついにこの句ができたのであります。その時のことを芭蕉は、〝奥の細道〟の中で、名文をもって記していますが、それを、今みなさん方にも分かるように意訳して申しますと、「日はすでに海に沈んで、月はほの暗く、銀河すなわち天の川は夜空にかかって、星はキラキラと輝《かが》やき、沖の方からは波の音が打ちよせてきて、まるで魂がけずられ、腹《はらわた》もちぎれるような思いがする」というのであります。

皆さん方も歴史で教わったことでしょうが、佐渡にはむかしから皇室関係の方々が流されるというように、色いろと悲しい歴史がありますが、しかもその様な佐渡と、本土の出雲崎との間をへだてているのは、波荒き日本海なのであります。ところがその上空の夜空を芭蕉が仰いでみたら、悠久な天の川が空高く流れていたというわけで、まことに壮大きわまりない光景をよんだものであります。一句そぞろに天地の悠久さと寂寥《せきりょう》感とをよみ得たという点からして、たしかに古今の名吟といってよいでしょう。

さて、前々週には、わたくしは「秋」というテーマで、わが国で季節というもののもつ特徴というか、その趣について、多少のことを申したのであります。そして先週はそれに引きつづき「美」ということについてお話したのであります。それは一言で申せば、われわれ日本人の場合には、美というものが、その日常生活の中に深く融けこんで、よく生かされているということであります。これはちょっと聞いただけでは、何でもないことのようですが、よく考えてみますと、これは大へん重要な事がらだと思うのであります。少なくともわれわれ日本民族というものを考える上で、大へん重要な点だと思うのであります。

こころみに一例を申してみますと、西洋では「文学者」と呼ばれる人の中では、詩人が一ばん貴ばれているようであります。ところが、そういわれても、われわれ日本人には、大してピンとこないのであります。それというのも、日本では「詩人」というものが、それほど高く評価され尊敬されているとは、思えないからであります。ところが問題を少し深く考えてみますと、これは必ずしも不思議ではないのでありまして、げんに明治維新前の文学作品の中で、現在何が一ばん多く読まれているかというと、第一が芭蕉の俳句といってよいでしょう。そして次は何かというと、やはり「万葉集」ではないかと思うのであります。少なくともそれは、「徒然草《つれづれぐさ》」でもなければ、いわんや「源氏物語」などではないでしょう。

では最初にわたくしが、「西洋では文学者の中で、一ばん広く国民に尊敬されているのは、詩人だそうです」と申しましたが、それはすなわち西洋では小説家や戯曲の作者などとくらべると、詩人のほうがはるかに高く評価され尊敬せられているというのであります。ところが、それがわれわれ日本人には、ちょっと不思議な感じがするのはなぜかと申しますと、それは現在わが国で「詩人」といえば、西洋風の自由詩をつくる人と考えられていて、短歌や俳句などをつくる人とは考えられていないからであります。

では詩人というとき、何ゆえふつうには、歌人や俳人たちもその中に入ると考えないのでしょうか。それはわたくしの考えますに、わが国ではいわゆる「自由詩」というものは、明治維新以後、西洋の詩の影響によって初めてつくられ出したもので、それは皆さん方もご存じのように、あの島崎藤村などによって始められたのでありまして、その歴史がひじょうに短いためでしょう。

ところが、われわれ日本人としては、元来「詩」という場合には、実はそういう歴史の浅い西洋風の自由詩だけでなくて、短歌や俳句なども、もちろん広い意味では、民族の詩的表現でありまして、いな、われわれ日本民族にとっては、短歌や俳句のほうが、かえってふかく民族の血に根ざした、民族本来の「詩」だということを知っておくことが必要だと思うのであります。ですからこうした見方から申せば芭蕉などは、われわれの民族の生んだ最大の詩人といってもよいわけでしょう。

では、同じく「詩」という名で呼ばれながら、どうしてわが国では、短歌や俳句は、西洋の詩とは比較にならないほど、あのように短い詩形なのでしょうか。皆さんもご存じのように、短歌では五・七・五・七・七という三十一文字であり、さらに俳句にいたっては、短歌の最後の二節の七・七が落っこちて、わずかに十七字という世界でもまったく類例のないほどの短詩形となったのでしょうか。言いかえれば、どうして短歌や俳句というわが国の詩は、西洋の詩のように、長大な詩形とならなかったのでしょうか。もっとも和歌の中には、「長歌《ながうた》」といって、短歌とくらべればある程度長い歌が、「万葉集」一時代には行なわれて、たとえば人麿などは、その代表的な一人といってよいでしょう。しかしそれも次第にすたれて、特別の人以外一般には、ほとんど作られなくなったのであります。ではどうしてわが国では、このように詩形が短かくなったかというに、わたくしの考えでは、それはわが国の国土の狭小ということが、その最大の原因ではないかと思うのであります。すなわちわれわれのこの国土は、四辺海をめぐらした小さな島国でありまして、そのうえ国土の七割五分ほどが山嶽地帯ですから、人間の住みうる地域はひじょうに狭いわけであります。その上に、そうした狭い地域が、山脈と河川とによってさらに小さく細分されているのでありまして、わたくしの考えでは、こうしたことがその文学的表現の上にも、反映しているのではないかと思うのであります。

だが、わたくしの考えでは、それ以外にもこの点に関して、間接的ながら多少は影響しているものがあるかと思うのでありまして、それは何かというと、明治維新前まで存在していた、わが国の封建制度というものであります。戦後の皆さん方は、「封建的」というコトバは、ただ古くて良くないことの代名詞のように考えていられるようですし、またそれはそれとして、現在では一おうそう考えても、大して誤りとはいえないでしょう。それというのも、封建制というものの本来の意味は、一口でいえば「大名による政治」ということであって、たとえばわが国で封建制度が発達した徳川時代をとってみますと、日本全国が三百何十人という沢山の大小名により、分割して統治せられていたのであります。

そしてそうした藩《はん》と藩との間は、色いろな制限のために、今日のように行き来が自由ではなかったのでありまして、こうしたことなども、わたくしの考えでは、われわれ日本人の詩の形式の上に間接的に影響して、西洋の詩のように、何百というほど沢山の節をもった長大な詩篇を生まなかった、一つの原因ではないかと思うのであります。もっとも近ごろの研究では、徳川時代のこの封建政治というものは、必ずしも悪い面ばかりではなく、それぞれの大名たちが競争して、そのために自然と文化の水準が高まり、それがやがて維新後の西洋文明の吸収と消化を、容易ならしめた基礎となっているといわれ出していますが、しかもこうした見方は、皮肉なことにアメリカの学者たちによって眼を開かれたのであります。

さて、話がわきへ外れたようですが、これまでわたくしの述べようとしたのは、わが国では、現在でも詩といえば、西洋風の自由詩とのみ考えている人が、大方といってよいでしょうが、しかし短歌や俳句なども、元来広い意味では詩の中に入るわけであり、したがって短歌や俳句がわかるということは、詩がわかるということであります。ですから、わたくしが今日「詩のわかる人に」というテーマをかかげたのは、もちろんそういう広い立場から考えてのことであります。

さて、先ほど来わたくしは、短歌や俳句が何ゆえ西洋の詩とくらべて、短い詩型かということを考えたのでしたが、同時にそのためにわが国では、ひじょうに多くの人が、短歌や俳句が分かるというだけでなくて、作れる人も実は大へんな数に上っているのであります。わが国の短歌人口と俳句人口とを合わせたら、おそらく何百万という巨大な数に上《のぼ》ることでしょう。では、どうしてそういう推定ができるかと申しますと、皆さん方はまだご存じないでしょうが、短歌や俳句の世界には、それぞれ「結社《けっしゃ》」と呼ばれる沢山の団体があって、それぞれ短歌や俳句の雑誌を出しているのです。そしてそれらの結社が、かりに平均三〇〇人の会員をもっているとすれば、そして短歌と俳句で、合わせて一万ほどの結社があるとすれば、もうそれだけで、三〇〇万という数に上るわけでありまして、わたくしが上に述べました推定は、必ずしも無根拠ではないのであります。

ところで、ここにひとつの問題は、現在西洋風の詩の結社というものは、どのような情勢にあるかということですが、その点についていては、現状では短歌や俳句とくらべますと、遺憾ながらひじょうに微々《びび》たるものといってよいでしょう。では何ゆえそうかと申しますと、わたくしの考えでは、短歌や俳句は、ご存じのように字数が少ないのですから、すべての会員の作品を、少なくとも一首や二句は、雑誌に載せることができるわけです。ところが、自由詩ということになりますと、いかに短いといっても、短歌や俳句のようには参りませんから、全会員の作品を載せるなどということは、とうてい出来ることではありません。そしてこの点が、わが国では歴史の浅い点をしばらく別にしても、自由詩の結社の発展しない、おそらくは最大の原因といってよいでしょう。

しかしこうは申しても、わたくしは今後わが国の詩のすすむ方向は、何といっても自由詩の分かる人が、しだいに増大するだろうと考えているのであります。では何によってそういうことがいえるかと申しますと、それは現在各種の「文庫」の中に収められている色いろな詩人たちの詩集が、大へんな数に上《のぼ》っているということです。もちろん「文庫」の中には、多くの歌集や句集の入っていることは申すまでもありません。しかし詩集の数は、それらとの比較の上から申せば、けっして遜色がないのであります。そしてそれは、結局、現在のわかい人びとは、短歌や俳句以上に、自由詩に心を引かれる人が多いのではないかと考えるわけであります。

では、何ゆえわたくしが、今日のテーマとして「詩のわかる人に」というような題をかかげたかと申しますと、それは広い意味における「詩」というものは、われわれ人間の心情のもっとも端的な表現だからであります。なるほど、人間の心情の表現という点では、詩以外にも音楽や彫刻などはもとより、さらには小説や戯曲などに到るまで、いずれも人間のふかい心情の表現でないものはありません。しかしそれらの中でも、心情をもっとも端的に表現している点では、広い意味の詩の世界だといってよいでしょう。したがって、すぐれた短歌や俳句または自由詩を味わうということは、その人の心を清らかにする上で、ひじょうに大きな影響力があるといってよいでしょう。これ今日わたくしが、「詩のわかる人に」というテーマをかかげたゆえんであります。

最後にいま一つ、詩の長所として申したいことは——そしてそれはとくに俳句や短歌の場合によく当てはまりますが——ひとり偉れた作品を鑑賞するだけでなくて、さらに自分にもそれを作って楽しむことができるという点でありまして、これは小説や戯曲などでは、ほとんど不可能といってよいでしょう。ですから皆さん方も、今日のわたくしの話をキッカケとして、どうぞ短歌や俳句、または自由詩の鑑賞を始めて下さい。こういうことは、皆さん方のように感受性のやわらかな若い時期に始めませんと、大人になってからではもう遅過ぎるのです。そしてこの点も、今日わたくしが、このようなテーマを選んだゆえんであります。

（先生、いつものように、静かに一礼されて壇を下りられ、おもむろに校長先生と退場された。）

第二十四講——人間の一生

今日も、道服すがたの名児耶先生をお迎えすることができた。先生はしずかに壇上に立たれて一礼ののち、「人間の一生」という今日のテーマをお書きになられた。同時に、引きつづき次のような芭蕉の句を書かれた。

菊の香や奈良には古き仏達　芭蕉

この句は、前書きによると「重陽《ちょうよう》の日」、すなわち旧暦の九月九日によまれた句ということになっていますから、現在の太陽暦でいうと、ちょうどひと月おくれの十月の十日前後によんだ句でしょう。秋もようやく深まって、菊の季節に入りかけたころの作というわけです。奈良は、みなさんもご存じのように、日本では一ばん古く都のあったところであり、したがって多くの寺々には、むかしのままに御仏《み》がならんでいるわけですが、そこにはちょうど今咲き出した新しい菊が供えられていて、その菊の香のすがすがしさと、古い仏像とが何ともいえずしっくりと、よく調和している趣をよんだものでしょう。

では、これまでのと合わせると、十一句になるかと思いますが、この列の人、前から順に暗誦していただきましょう。（一人ちょっとつかえた以外は、みなスラスラと暗誦ができた。）

今日はここにも書いたように、ひとつ「人間の一生」というテーマでお話してみようかと思います。しかしながら、この「人間の一生」というテーマは、わかい皆さん方にとって、はたしてどの程度に興味があり、また、分かって頂けるかどうかと思いますと、これは大へんむずかしいテーマだとも思うのであります。しかし、それにもかかわらず、わたくしはこの問題については、どうしても一度はお話しておく必要があると思うのであります。それというのも、いつかお話したかと思いますが、われわれ人間の一生は、ただ一回のマラソン競走みたいなものでありまして、もしそうだとしたら、それについてコースの大たいの見当がついているか否《いな》かということは、これを結果的に見ますと、大へんなひらきを生じると思うからであります。

ところが先ほども申すように、この問題についてわかい皆さん方に分かっていただくということは、じつは大へんむずかしく、かつ困難なことだと思うのであります。何となれば、おたがい人間というものは、自分が実際に身をもって経験した事がらでないと、ほんとうにわかるというわけにゆきにくいからであります。つまり砂糖の甘さというものは、実際にこれをなめた人でないと分からないように、すべて物事というものは、自分自身が直接経験したことでないと、ほんとうに分かったとは言えないからであります。

では、そういうことがわかっていながら、どうしてわたくしは、わかい皆さん方に対して、こういうテーマをかかげたのでしょうか。それは先ほど来《らい》申すように、われわれのこの人生は、ただ一回のマラソン競走みたいなもので、絶対にやり直しが利《き》かないからであります。ところが、マラソン競走の場合には、その日それに参加する人びとは、全員がその日のコースについて、あらかじめ知らされていて、大たいのことはよく心得ているわけであります。ところが「人生」というただ一回しかないこの大マラソン競走については、それに対して人びとは、一たいどの程度知っていると言えるでしょうか。これ今日わたくしが、あえてこのテーマを選んだゆえんであります。

ところで、マラソン競走の場合に、人びとが先ず知っていなければならぬことは、その日の決勝点が何処かということでしょう。そしてこの点について知らぬランナーなどは、一人もあろうはずはないのであります。ではわれわれの「人生」の場合には、この決勝点の問題は一体どう考えたらよいでしょうか。この点についてはわたくしは、それは一おう年令によって考えるのが良かろうと考えるのであります。つまり「人生」という絶大なマラソン競走の終着駅は、一たい何歳くらいと考えたらよいかという問題ですが、この点についてわたくしは、大たい七十歳説をとるのであります。なるほど非凡な人の場合には、それはその人が棺おけに入る直前だといってもよいでしょう。しかしふつう一般の人びとの場合には、一おう七十歳辺《へん》と考えたらよくはないかと思うのであります。つまり人びとがふつうまともに働ける年令をもって、一おう「人生」というマラソン競走のゴールと考えてよくはないかと考えるわけであります。

このように申しますと、皆さん方の多くの人は、「何とマア遠いことか。まったく気の遠くなるような話だ!!」と感じられることでしょう。だが、実はそれ故にこそ、この問題について、一度はお話しておく必要があると考えるわけであります。それというのも皆さん方は、すでに「人生」というただ一回のマラソン競走のスタートを切って走り出しているわけですから、せめて決勝点というか、終着駅の所在地だけなりと、今のうちから知っておく必要があろうと考えるわけであります。

皆さん方の多くは、現在まだ十何歳で、二十歳になっている人は一人もいないわけですが、(一同大笑)そうしますと皆さん方が、人生の決勝点に入るには、まだ五十年以上もあるわけであります。こう申しますと皆さん方は、「何と遠い先のことか。まったく気が遠くなってしまう」というふうに考える人が大部分でしょう。しかしこの際ぜひとも申しておかねばならぬことは、もしその五十年が過ぎ去った後になりますと、何とわめいてみましても、またいかに地団駄《じだんだ》ふんで後悔してみても、もう決勝点は眼の前に迫っているというわけです。いわんや決勝点の先に待ちうけているものは、「死」のほかになく、一たん「死」というこの絶壁にぶつかりますと、どんなにその一生を勝ちほこった人でも、今は一片の白骨となって、何の力も無くなるわけであります。すなわち、一言さえ発することが出来なくなるのであります。

そこで、どういうことになるかと申しますと、われわれ人間は、各自が人生の決勝点に達するまでは「一日一日を真に充実して生きねばならぬ」ということであります。つまりマラソン競走でしたら、その一瞬一瞬を、つねに全力をこめて走り抜く——ということに当たりましょう。そしてそれには、現在自分は決勝点まで、一たいどれほど手前の処を走っているか——ということを、つねに心の中に忘れないということが大切であります。

ところで、以上はいわば一般論とも言うべきものでありまして、一おうは誰にも分かっている事がらともいえましょう。もしそれさえ分かっていないとしたら、それはまったくウカツというほかないわけです。もっとも実際には、そういうウカツな人間が少なくないからこそ、こうした話をする必要もあるわけであります。もし皆さん方が、これまでのような問題について、あまり考えたことがなかったとしても、それは皆さんたちのわかさから来ることであって、ムリもないと思います。しかしまたそれだけに、こうした問題を提出《ていしゅつ》する意味もあるというわけであります。

同時に、この点に関してわたくしは、先ほどこの問題の結論として、われわれ人間は、人生の決勝点に入るまでの自分の人生の長さを、心中つねに忘れぬように、一日一日の「生活」の充実を期せねばならぬと申したわけであります。

ところが、ここにひとつの問題は、人生のコースは、いわば鉄道における「新幹線」のように、真直ぐな一直線ではないということであります。すなわちそこには、幾つかの紆余曲折《うよきょくせつ》があり、そしてそれは、幾十回となくあって、人によっては何百回という人さえ、無いとはいえないでしょう。このように人間の一生というものは、じつに転変極《きわ》まりないものでありまして、それ故むかしから、「人間の一生は苦労の連続だ」とも言われているゆえんであります。すなわち人間の一生には、「照る日もあれば曇る日もあり、また上り坂もあれば下り坂もある」というわけであります。

しかもこれは、現在まだ在学中のみなさん方の上にも、すでに多少は始まっているとも言えましょう。そのうち最も大きいのは、ご両親のいずれか一方、または双方《そうほう》を亡くされている人などがそれであります。事がらの性質上、ここに挙手して頂くことはさしひかえますが、これだけの人数の人がいれば、そうした人が三人や五人はあるはずであります。いわんや、亡くなってはいられないが、ご両親のうちどちらかが病気だというような人はかなりな数に上っていると申してよいでしょう。さらには、当のみなさん方自身にしてからが、からだの具合のよくない人は、もっと多いともいえましょう。あるいはまた、ご両親が生きていられても、お仕事の方がつごうよく行っていないという場合は、さらに多いかも知れません。

以上わたくしの申したことは、これを一口にいえば、この「世の中」というものは、色いろと悩《なや》みや苦労の多いものであって、けっして春の暖かい日に、牧場で美しい虹《にじ》をながめているような楽しさが、永つづきするようなものではないということであります。げんにその虹《にじ》さえも、しばしの間で、やがて消えてゆくのであります。そればかりか、春という季節そのものさえ、そういつまでも続かず、やがては猛暑の夏をむかえることになるわけです。しかしそうした夏の暑さも、そういつまでもは続かず、やがては涼風《すずかぜ》が吹きそめて、実《み》のりの秋をむかえるように、われわれ人間の一生も、いわばこれに似て、そこには幾十回となく起伏消長があるのであります。

では何故わたくしが、わかい皆さん方にたいして、このような話をするかと申しますと、それは人間の一生というものは、このように照る日もあれば曇る日もあり、いな、雨の日どころか、いつ晴れるとも分からぬ今年のような長梅雨《つゆ》もあるのであります。しかし、いかに今年の梅雨が長かったといっても、いつかは晴れる日が来るように、人生の梅雨も——勿論これは人によって長短の違いは大いにありますが、——根気づよくしんぼうしていれば、必ずやいつかは晴れる日がくるものであります。人生をスタートして、まだ間のないみなさん方に対して、このような話をするのは、要するにこうした人生の姿の一端を、今のうちから知っておくことによって、他日皆さん方が、色いろな苦難に出逢ったさい、しんぼうづよくこれに堪え、ついにはそれを克服して頂きたいからであります。いな、先ほども申すように、皆さん方の中には、現在すでにご両親の一方、または双方が亡くなられて、こうした人生の苦難のコースを歩んでいられる方もおありでしょう。

そこで最後にわたくしは、ひとつの重大な真理について申したいと思います。それはむかしから「人間の幸・不幸というものは、それぞれ人によって大たいは決まっているものであり、したがってわかい時に不幸な人は、もしその人がやけにならずに一生努力すれば、晩年は幸福になるものだ」ということでありまして、これはわたくし自身、これまで見聞してきた色いろな人について考えてみても、かなりな程度に真実のように思われるのであります。もちろん幸福とか不幸とかいうことは、それぞれの人の考え方によるものであり、したがって外側からながめて、簡単に判断することのできにくい事がらでありますが、しかしわたくしが今申したことは、たやすくは否定し難い、人生のある深い真理を宿しているかと思われるのであります。すなわち人間の幸・不幸というものは、それぞれその人なりに、その分量は大たい決まっていて、若い間にそのうちのどちらかを多く味わうと、晩年にはその残された後の半分を味わわねばならぬ――というわけでありまして、ちょっと頭で考えてみただけでは、どうも理屈に合わぬようにも思われますが、しかし昔《むかし》から心ある人びとの言い伝えてきた事だけに、そこにはある種のふかい真理があるように思われるのであります。では今日はこれまで――。

（先生、おもむろに壇を下りられ、校長先生と静かに退場された。）

第二十五講——幸福について

名児耶先生は、今日も道服すがたで入ってこられた。そしていつものように、壇上で一礼されたのち、おもむろに今日の題目を記され、ついで次のような芭蕉の句を書かれた。

面白うてやがて悲しき鵜舟《うぶね》かな　　芭蕉

この句は、芭蕉が人びとにさそわれて、岐阜の長良川の鵜飼の見物をしたさいによんだ句ですが、芭蕉の句としては珍しいほど、誰にもよく分かる句といえましょう。つまり最初のうちは席がもうけられて、おたがいに盃《さかずき》などを交《か》わしていたが、やがて夜もしだいに更《ふ》け、かがり火も消えかかって、鵜舟も帰り支度をするころともなれば、急に一種寂寥の感がひしひしと身に泌《し》みてきた、とでもいうような感慨をよんだものでしょう。いわゆる「歓楽きわまって哀傷に転じる」人間の心情の移り変わりをよんだ句というわけです。

ですからこの句には、初めの「面白うて」から「やがて悲しき」までの間には、かなりな時の推移がふくまれているわけであって、そこにこの句が「面白い」とか「悲しい」とかいうような、ふつうに有りふれたコトバをつかいながら、読む人びとの心を打つゆえんがあるといえましょう。

さて先週には「人間の一生」というテーマでお話いたしましたから、今日はそれに引きつづき、〝人生の幸福〞というテーマでお話してみたいと思います。それというのも、わたくしの考えでは、戦後わが国では、この「幸福」というコトバがひじょうに氾濫《はんらん》して、人びとはサアと言えばみんなが「幸福、幸福」といい、中には「幸福のうた」というような物まで出来たほどでした。ところが一歩突っこんで、「では幸福とは一たいどういうことか」と尋ねられますと、すぐには答え得ない人が多いのではないでしょうか。もしそうだといたしますと、みんな「幸福、幸福」と口に言っているが、何が一たい真の幸福であり、またどうしたらそのように幸福になれるか――というような事について、ハッキリした考えを持っている人は、意外なほど少ないようであります。

では、これは一たいどういうわけでしょうか。ところで、わたくしの考えますのに、この人生における真の「幸福」とは一たいどういうものかという問題は、実はそんなに簡単な問題ではなくて、なかなかむずかしい問題だからであります。しかも多くの人が、この点については、意外にもハッキリとはつかんでいないようであります。そこへ戦後は、敗戦による一種の解放感によって――ただしそれは実は与えられた解放感に過ぎませんでしたが――人びとの多くは、安易にこれに飛びついたというわけでありますす。

そのために人びとは、口では「幸福、幸福」といっていながら、「でも現在のあなたは、自分を幸福だと思っていますか」と尋ねたとしたら、大ていの人が「そうです。わたくしは今幸福です!!」という人は、意外なほど少ないのではないでしょうか。道理で、一時あんなに盛んだった「しあわせのうた」も、近ごろではサッパリ歌われなくなったようです。

では、何ゆえ「わたくしは現在幸福です」という人が、そんなに少ないのでしょうか。これには色いろとその原因があるとは思いますが、端的に申しますと、現在自分は不幸だと思わない状態こそ、実は幸福なしょうこだといって良いからであります。こういっても、皆さん方の中には、ピンとこない人が多かろうと思いますが、それは健康な人は自分が健康だとは、平ぜいは気づかないのと似ています。そういう人でも、もし知人が入院して、病院に見舞いにでも出かけてみると、はじめて自分が健康だということに気づくのであります。

いま、幸福とか幸せについても同様でありまして、自分が直接に不幸な人に出あって、その人の苦労話を聞くまでは、わたくしたちは自分が幸せだとはあまり感じないのが普通であります。ですから自分は幸せだと感じないでいるということこそ、実はその人は幸せな部類に入っていると言ってよいと思うのです。ではそういう人は、どうしたら自分が幸福だということに気づくかと申しますと、それは只今も申すように、不幸な人に出会い、その人の苦難の数々を聞くことによって、それと比べてみて初めて、「なるほど世間には、そういう不幸な人もあったのか。それと比べれば、自分などまだまだ幸せなほうで、不平などいっていては罰《ばち》があたる」と思うようになるのであります。

かくして幸福とは、一おうは充ち足りている心の状態だといってよいでしょう。つまり別にこれといって、不足のない心の状態だといってよいわけです。同時にそこからして、むかしから人びとのよく言ってきた「足るを知る」ということが、人生を幸福に生きる一つの大切な心がけといってよいのであります。このように申しますと、皆さん方の多くは、「足るを知るなどということは、消極的な考え方で、今後のわれわれは、もっと積極的な態度で生きねばならぬ」といわれる人が多いことでしょう。それは若いみなさん方としては、如何にももっともな考えであって、わたくしとしても、もちろんそれに、反対などする気持ちはないのであります。

しかしながら、すべて物事というものには、表裏の両面があるのでありまして、この現実の世の中では、どこまでもただ積極主義の一本槍でゆくというわけには、ゆかない場合が少なくないのであります。たとえば、わたくしたちの歩行ひとつをとって考えてみましても、前足を前方へ出すためには、その間は、後足が体重を支《ささ》えていなければならぬのであります。あるいはもっと手近かな例をあげれば、われわれ人間は、一刻も呼吸《いき》をせずにはいられませんが、しかしその呼吸は、吸い通しでもなければ、また吐《は》き通しでもないわけで、すなわち吸っては吐き、吐いてはまた吸うというわけです。そしてこのような正・逆の作用が、ほどよくその調和を保っている処に、われわれ人間の生命は支えられているわけであります。

そこで、このように考えて来ますと、人間が幸福な生活を送るためには積極的に大いに働いて、収入の増加をはかることも必要でしょうが、同時にそれとは反対に、自分の「分」というものをよく心得て、「足るを知る」という半面も、大いに必要だと思うのであります。そしてわたくしの申すことが、どの程度まで真理かどうかということは、皆さん方が毎日の新聞をごらんになれば、すぐお分かりになることだと思うのであります。すなわち、日々新聞の社会面をにぎわしている出来事のほとんどは、以上述べたような、生活上の積極面と消極面との調和が破れたための悲劇といってもよいでしょう。では、そのように生活の調和の破れる原因は何かと申しますと、それは先ほど来申してきた、「足るを知る」という真理にたいする無知から来るといってよいでしょう。

さて、以上によって明らかになった一つの重大な事がらは、人間の幸、不幸という問題は、必ずしも物の多少だけでは決まらぬということであります。ところが、戦後の幸福論議には、この点がまったく看過《みす》ごされていて、ただ物が多くなりさえすれば、それだけで幸福が得られるかのように考えられて来たところに、最大の欠陥があったのではないかと思うのであります。

さて以上述べてきたことから、明らかになった一つの真理は、人間の幸福は、内と外、物と心との調和の上に成り立つものだということであります。そしてそのような内と外、心と物との調和のとれている時、そういう人は実際には幸福な状態に置かれているにもかかわらず、かくべつ自分を幸福だと意識せずにいるものだということでありまして、これはすでに申した事がらであります。つまり特べつ幸せとも不幸とも考えずにいるということ自身が、その人の生活は一おう調和がとれていて、つまり幸福だといってよいわけです。そしてこの道理が一般の人びとによく分かったら、「自分は不幸だ」とか「自分ほど不幸な人間はない」などと嘆《なげ》いている人は、激減することでしょう。

同時に、このような考えで世間を見わたしてみますと、人びとの多くは、それぞれ釣り合いのとれた生活を営んでいるにもかかわらず、自分を他人とくらべて、人をうらやんだり、時にはねたんだりして、事実以上に自分を不幸だと考えている人が多いのではないかと思います。

世間でよくいわれていることの一つに、「世間に物言いの無い家は一軒もない」というコトバがありますが、これはわたくしは本当だと思います。すなわち、世間の人びとからは、どんなに羨《うらや》ましがられているような家でも、一歩その内輪に立ち入ってみますと、必ずそこには色々と物言いがあるものであります。ということは、何らかの意味で不満とか不足感があるというわけですが、しかしこれは当然なことで、むしろ無いのが不思議だとも言えましょう。すなわち、他の家はみな、何一つ不満や不足は無さそうに見えるのに、どうしてわが家だけが、こんなに物言いが絶えぬだろうかと思いがちであります。そしてこうした思いが、やがてその人の幸福感というものに対して、色いろと陰影《いんえい》を投げかけることになるのであります。

そこでまた、こういうことも言えましょう。それは「われわれ人間が、もし幸福を希《ねが》うなら、絶対に自分を他人と比べず、わが家を人の家と比べてはいけない」ということであります。しかしながら、これは、ちょっと聞いただけでは、何でもないことのようですが、ひじょうに深い真理をもった事がらだけに、実さいには、なかなか至難なことであります。それというのも、この「比較」ということ自身が、じつは人間の知識の成立する根本の作用《はたらき》であると共に、これをウラ返しますと、同時にまた、われわれ人間にとっては、迷いの始めでもあるからであります。

このように、お互い人間というものは、自分を他人《ひと》とくらべなかったら、ほとんど悩みというものはないはずであります。ところが、ただ今も申すように、これはひじょうに困難なことであり、いな至難なことといってもよいでしょう。それというのも、「比較」ということは、ただ今も申すように、われわれ人間にとっては、知識の成立する根本の作用だからであります。

そこで、このように至難な「比較封じ」というようなことまではせずにおいて、しかも幸福になるひとつの秘訣《ひけつ》は、自分より恵まれない人と、自分の境遇とを比較するということであります。たとえば、高校出の人で、家のつごうその他で大学へ行けなかった人は、自分を大学出の人と比べて、いつまでも不幸だと考えていないで、むしろ自分に劣《おと》らない素質をもちながら、中学だけしか出ていない人のことを考えますと、自分が大学にやって貰《もら》えなかったことを、不平に思う心はいつしか消えて、とにかく高校までやって貰えたことを感謝する気持ちになることでしょう。

そこで、われわれ人間は、最終的には、結局自分の現状に対して感謝する気持ちになれたら、はじめて真の幸福感に浸ることができましょう。ではどうしたら、そういう感謝の気持ちを持つようになれるかというと、それは単に自分より恵まれない人と自分とを比べるだけではまだ不十分であって、結局は宗教の問題という他ないでしょう。それゆえ次の週には、この点について、も少し立ち入ってお話することにいたしましょう。

（先生、話がおわると静かに一礼の後、やがて壇を下りられ、校長先生と退場されたが、外にはいつしか晩秋の時雨《しぐれ》が降っていた。）

第二十六講 —— 感謝のこころ —— 宗教について ——

今日も道服すがたの名児耶先生をお迎えできてうれしかった。先生は、例のように壇上で一礼ののち、今日のテーマをお書きになられた。そして「もう紅葉もすがれかけたらしいですね。しかし桜は開ききらぬうちが良くて、散りかけたらダメですが、その点紅葉のほうは、多少はすがれかけても、かえって一種の風情《ふぜい》があって、その点、桜とは多少趣がちがうようですね」といわれながら、つぎの芭蕉の句を書かれた。

よく見れば薺《なずな》花さく垣根かな　芭蕉

季節からいったら、ここで何か紅葉をよんだ芭蕉の名句をご紹介したいところですが、どうもわたくしは、芭蕉の紅葉の良い句を存じませんので、季節外《はず》れですが、この句をご紹介することにしました。

この句もその内容の特殊性からか、意外に多くの人に知られているようです。句の意味は、ここに表現せられているそのままで、それ以外にべつだん深い意味があるのではないでしょう。

人によっては、この句は人間はいかに貧しくて、人目に立たぬようなかすかな暮らしをしていても、そこにはそれで、やはり一箇自全の境涯のあることを教えるために、芭蕉はこの句を詠んだのだという人もあるようですが、そこまでいうのはやや言い過ぎではないかと思います。もちろん芭蕉自身には、ささやかな垣根のもとのなずなの花にも、天地の大生命のかすかな現われを見ているわけでしょうが、それはあくまで芭蕉自身の内面の境地でありまして、人に対するお説教がましい気もちは、この際みじんも無かったのではないかと思います。

この前の週には、「幸福について」というテーマで、幸福とか幸せという問題について、色いろの角度からお話してみたわけですが、しかし幸福という問題についてお話するということは、なかなか困難なことだと今も思っているのです。それというのも、この幸福という問題は、結局その人その人の人生に対する考え方のいかんによるところが多いからであります。この点からして、人によっては「幸福というものは主観的なものだ」という人もあるようですが、しかしわたくしには、その場合「主観的」というコトバは、必ずしも適当なコトバではないように思われます。それというのも、主観的というコトバの内容は、人によってそれぞれ違うばかりか、大して深い根拠のないばあいにも、使われることが少なくないからであります。

ところが、幸福とか幸せというコトバによって示されるものは、なるほど人によりその内容の違うことは、先週すでにお話した通りですが、しかしこのばあい人によって違うということは、必ずしもその根拠が浅いというわけではないのであります。いなそれは、その人の人間としての生き方の根本的な違いと、深い関連があるといってよいでしょう。そしてそのために、先週のお話の最後に申したように、結局真の幸福とは、その人にどれほど感謝の念があるか否かという問題にもなり、したがってそれは、言いかえますと、宗教の問題となるともいえるわけであります。

そこで今日は、この点について、もう少し考えを進めてみたいと思いますが、それにはさし当たって皆さん方は、一たいどういう場合に「感謝の念」を抱かれるのでしょうか。そしてこの感謝ということは、これを純粋の日本語で申しますと、「ありがたい」と思うことであります。したがって、いま皆さん方がどういう場合に感謝の念をいだかれるか――ということは、言いかえますと、皆さん方はどういう場合に「ありがたい」という気持ちになるかという問題といってもよいわけです。

ところで、わたくしたちが、「ありがたい」とか「かたじけない」という感じを受けるのは、一たいどういう場合かと考えてみますと、もちろん色いろな場合が考えられましょうが、さしあたってまず考えられるのは、自分としてはまったく予期していなかったのに、人から好意を寄せられるというような場合が考えられましょう。たとえば、朝家を出るときは、空は曇ってはいたけれど、たぶん雨にはなるまいと思って、かさを持たずに出かけたところ、帰りは雨降りになって、停留所から雨にぬれながら、小走りにいそいで帰りかけたところへ、突然見知らぬ人から「いかがです。お入りになりませんか」といって、かさに入れていただいたというような場合には、いかに平生強情《ごうじょう》な人でも、心の底から「ありがたい」と思い、「どうもごやっかいになってすみません」とか、「ほんとうに有難うございます」とかいって、お礼をいうことでしょう。

この例によってもお分かりのように、わたくしたちが、「ありがたい」とか、「かたじけない」という気持ちになるのは、自分にはそれを受けるような値うちはないと思っているのに、他の人からひじょうに好意を寄せられるというような場合が、そうだといってよいでしょう。そこでこうした場合ひとつの大事な点は、わたくしたちが「感謝」の念をいだいたり、有難いという気持ちになるには、かえりみて「自分はそれを受けるに値いしない」という謙虚《けんきょ》な自覚が、その根底に予想されるということであります。

そこで、今皆さん方の日ごろの生活について考えてみましても、皆さんの中で、病気のために、二、三日欠席したというような場合、ある日突然友だちの一人が、学校からの帰りがけに見舞いに寄ってくれたとしたら、ひじょうにうれしくて感謝することでしょう。しかもその友だちが、これまでそんなに親しい間がらでもなかった場合には特にうれしくて、心から感謝する気持ちになることでしょう。ところが、Bという友人とは、特別に親しい間がらで、これまでも何度かその友人が病気で欠席した時は、必ずこちらも見舞ったというような場合は、その友人が病気見舞いに来てくれたとしても、なるほどうれしいには違いないですが、前の場合ほど特に「有難い」とまでは感じないでしょう。それは前にも申すように、われわれ人間が心から感謝し、有難いと思うのは、省みてわが身には、それを受ける資格がないと思われるような場合だからであります。

では何故わたくしが、このようなことを言うかと申しますと、それはわれわれ人間が、真にわが身を幸福とか幸せと思うには、現在わが身の置かれている生活の全体が、かえりみてどう考えてみても、自分にはそれを受けるだけの資格がないのに、しかもこのように恵まれている――という自覚がなければ、われわれは自分を心から幸せだとは感じないからであります。ところが、現在の自分の生活の一切を、自分のような者には、これを受けるだけの資格がないと思うということは、普通にはちょっと考えにくいのであります。それどころか、わたくしどもの多くは、他の人びとから見たら羨《うらや》ましがられているような場合でさえ、それを有難いと思わないどころか、まだ足りないくらいに考えやすいのであります。そしてこの点こそわれわれ人間が、わが身を幸せだとは、なかなか考えにくいゆえんであります。

実際先ほども申すように、現在の自分の生活のすべてが、自分のような人間にとっては、もともと受けるに値いしないというように考えられるとしたら、この世の中には、不平不満ということは一切ないわけで、そういう人こそ、真に幸せな日々を送っている人といってよいでしょう。それゆえ遠いむかしの時代から、人類の中の秀《すぐ》れた人びとは、人間に対してこのような考えで生きるようにと、人びとを指導して来たのでありまして、それがいわば「宗教」というものの起こりだと申してよいでしょう。

しかしこう申しただけでは、皆さん方には、まだ宗教というものが、どういうものかということは、もちろんよくはお分かりにならないでしょう。それどころか、これだけでは全く雲をつかむような話だともいえましょう。そこでもう少し話を進めることにいたしますと、そもそも宗教というものは、われわれ人間が、わが身を自分の生命の絶対的な根源ともいうべき神仏との関係において、根本的に考え直すことだともいえましょう。それと申すのも、われわれ人間は、それまでは現在の自分というものを、まるで自分一人の力でここまで生きて来たかに考えている人が多いといえましょう。もっとも皆さん方にしても、「あなたは、全く自分独りの力で、現在の自分になったと考えますか。それとも自分が今日あるのは、両親をはじめとして、その他多くの人びとのお蔭だと思われますか」と開き直って尋ねられたとしたら、それでも「自分一人の力だ!!」という人はないでしょう。しかし問題は、そのように改まって人から尋ねられた場合ではなく、平生わたくしたちが毎日生活している際に、一たいどちらの考えによって生きているかと申しますと、どうも自分一人の力でここまで来たように考えている人のほうが多いのではないでしょうか。ところで、そうではなく、平生の日々の暮らしの中で、自分が今日あるを得たのは、大宇宙の根源にはたらいている絶対の力としての神仏の力と、またその力の現われとしての、この地上におけるあらゆる人と物との恩恵によって、今日ここにこうして、一人の人間として生かされているのだ――と考えている人を、一おう宗教的な人といってよいでしょう。

実さい今さら申すまでもないことながら、わたくしたちのこの体《からだ》は、両親によってこの地上に生み落とされたばかりか、まるでこぶしほどの大きさといってもよいほどだった赤ん坊のころから、現在になるまでの両親の心づかいと骨折りが、如何ほどのものだったかということは、結局は自分もまたやがて人の子の親となって、わが子を育ててみないことには、十分には分からないのであります。しかもわたくしたちが今日あるを得たのは、ひとりそれのみでなくて、世の中のあらゆる人びとから、直接・間接に、その恩恵を受けて来たからであります。そしてこの点は、たとえばわたくしたちの食べるわずか一度の食事でさえ、もしそれを詳しく調べてみたら、幾百人、いな幾千人という多くの人びとの賜物《たまもの》といってよいでしょう。またわたくしたちの着ている衣類をはじめその使っている様ざまな道具や品物にいたるまで、一つとしてわたくしたちが、自分の力で生み出したと言いうる物は無いはずであります。

いわんや太陽の光とか、空気や水などということになりますと、これは全くわれわれ人間の力によって生み出したものではないのであります。ところがそのために、かえってわれわれ人間は、太陽や空気や水の恩恵については、まったく馴《な》れっこになってしまい、その極《きょく》われわれ人間は、今や逆にそれらを汚《よご》したりけがしたりして、もはやこれ以上放《ほ》っておくわけにゆかなくなったというのが、近頃急にやかましくなり出した、いわゆる「公害問題」というわけでしょう。

このように、宗教的な考え方というのは、前にも申したように、現在の自分の生活の一切が、自分一人の力によってできたと思うのは、根本的な誤りであって、それどころか、真に徹底して考えると、現在の自分の生活の一切は、すべて自己以外の力によって、恵まれ与えられたものだということの分かる人をいうのであります。そしてそのような一切の力が、根本的に統一せられている大宇宙の根源的な力を、人びとは古来神とか仏とかいう名前で呼んでいるのであります。そしてこのように、この自分の生活は、根本的にはそのような神仏から与えられ恵まれているのだと考えつつ生きている人を、一おう宗教的な人といってよいでしょう。

ですから、このような道理が、心の底からよく呑み込めた人にとっては、現在のわが生活は、自分のようなそれを受ける資格のない身にとっては、実にもったいない生活だということになるわけでありまして、これまで抱いていた色いろな不平や不満が、しだいに消えてゆくばかりか、すべてが「ありがたく」「かたじけなく」「もったいない」ということになるのであります。そしてこのような生活態度が確立した時、その人の生活は、はじめて真にゆるぎなき幸福な生活ということができるでありましょう。

以上申したことは、現在のみなさん方には、すぐにそうなるというわけにはゆかないでしょうが、しかし真の幸福というものは、結局はこうした考え方以外にはないものだということは、わかい皆さん方といえども、ハッキリと心の底深くタネ蒔きをしておいて頂きたいと思います。

（先生は、一礼ののち静かに壇を下りられ、やがて校長先生と一しょに退場された。）

第二十七講 —— 人を幸せにする希《ねが》い ——政治について——

今日も道服すがたの名児耶先生をお迎えできた。先生はやがて壇上に上って一礼されると、今日のテーマを記されたのち、改めてつぎのような芭蕉の句をお書きになった。

海暮れて鴨《かも》の声ほのかに白し　芭　蕉

この句は、これまでの句と違って、皆さん方にはちょっと分かりにくいだろうと思います。ではこういう分かりにくい句を、なぜご紹介するかと申しますと、それはこの句がわたくしは大へん好きだからであります。

最初にまず、どういう意味かと申しますと、この句は芭蕉が旅の途中で、愛知県の熱田の宿に泊ったとき、お弟子の人たちと歳の暮れに近いころの暮れ方の海を見に行こうということになって、出かけた時よんだ句だといわれています。日が暮れて、海上の闇《やみ》がしだいに濃《こ》くなってくる。すると、はるかな沖合のほうから、鴨《かも》の鳴き声がほのかに聞こえてくる。そして海上には、どこか仄《ほの》かな明るさが漂《ただよ》っている――そういう感じを、芭蕉は大胆にも「鴨の声ほのかに白し」と表現したのであります。理屈からいえば「声が白い」とは言えないわけでしょう。だが、そう言ってしまったんでは、この句の幽玄な味わいは、いちどにぶち壊《こわ》しです。

マアとにかく、そうした理屈をいっていないで、ひとり静かにこの句を暗誦してみることです。そうすると、何ともいえないその幽玄な味わいが次第に分かって来るでしょう。

前の週にお話したのは、「感謝のこころ」ということだったですね。そしてこれは人間の幸福感というものは結局、自分を取りまいている一切の物事にたいして、「感謝の念《こころ》」が持てるようにならねば、真の幸福感は得られないものだということからでした。

ところが、そのような「感謝の念」というものは、ふつうに人びとが言ったり考えたりしているほどに、たやすいものではないのであります。それというのも、それは前にも申したように、わが身に対して与えられている一切が、自分としては、それを受けるだけの値《ね》うちがない――という気持ちが、その人の心の底になければ、「感謝の念」というものは、起きようがないからであります。すなわち、わたくしたちが「ありがたい」とか「もったいない」という気持ちになるのは、自分がそれを受けるに価《あたい》しないという心がないと、そういう気持ちには、なかなか成りにくいからであります。

ところが、われわれがそういう気持ちに、比較的素直になれるのは、前にも申したように、自分よりも恵まれない人びとの実状に接した時でしょう。しかしこの程度の感謝の気持ちというものは、一転して自分より恵まれている人びとに接した場合には、逆に相手を羨《うらや》み、ついには自分の現状にたいして、不満の念を起こさぬとは限らないのであります。

そこからして、そうした当てにならない心の状態を脱して、いつも「自分は恵まれている幸せな人間だ」という気持ちになるには、結局わが身の一切が、自分以外の力によって恵まれ与えられているのだ、という気持ちになる以外にはあり得ないということ、そしてそうした人間の生き方は、ある意味では宗教的といってもよいということをお話したのでした。

ところが、ここで一つの問題は、なるほどわれわれ自身は、そういう考えになれば、たしかに不平不満の念は無くなるばかりか、感謝の念が起きて幸せな生活に入れることは確《たし》かでしょう。しかしそのさい問題になるのは、「では自分以外の他の人びとに対しても、この真理は当てはまるかどうか」という問題でありまして、そこにはなかなか困難で、かつ重大な問題が横たわっているといえましょう。いな、それは単に横たわっているという程度を越えて、まるで絶壁のように、われわれ人類の前にそそり立っているといってもよいでしょう。すなわちそれは、ひとり自分だけでなくて、自分以外の他の人びとをも幸せにする道はないものかという問題であり、もしあるとしたら、それは一たいどのような道かという問題であります。そしてこれは、人類の歴史上、心深き人びとによって、常に大きな問題とせられて来たのであります。

では、この問題に対して、古来すぐれた人びとは、一体どのように考えたのでしょうか。すなわち、自分はもちろん、自分以外の人びとをも、真に幸福にするには一体どうしたらよいか――というこの大問題については、わたくしは大きくわけて、古来二つの道が考えられて来たと思うのであります。そしてその一つは、前に申したように、宗教や道徳の教えによって、人びとが「感謝の念」を持つようにと努力して来たことをいうのであります。そしてそれは、東洋では孔子《こうし》や釈迦《しゃか》の教えがそれであり、また西洋ではキリストやソクラテスの教えが、その代表的なものといってよいでしょう。これら四人の人は、「世界の四聖」とも呼ばれて、永く人類の苦悩を救う教えの源泉となっている人びとであります。

もっとも、これら「世界の四聖」の他にも、東洋では老子《ろうし》や荘子《そうじ》などという人の教えがありますし、また西洋にもストアの教えというものがあって、それぞれ人間の苦悩を救うために、貢献《こうけん》して来たのであります。そのうち老子や荘子は、人間が苦しみから逃れるには、その欲望を捨てて無欲に徹するがよいというのでありまして、ある意味では孔子以上に徹底した考えを説きましたし、また西洋でも、ギリシアの末期に現われたストアの教えも、ある意味ではこれと似たところがあって、禁欲主義を力説し、それによって人間をその苦悩から脱却させようとしたのであります。

ところが、ここで問題となるのは、なるほどすべての人が、これらの人びとの教えをよく守り、それによって感謝の念を持つようになり、また自分の欲望を捨てて生活するようになれば、たしかにこの世は幸福な楽園となるに相違ないでしょう。しかしながら問題は、そのように欲を捨て、感謝の生活を送るような人は、人間全体の上からいえば比較的に少なくて、多くの人間は、感謝の念よりも不平不満の念を抱きやすいというのが、世の中の実情と申してよいでしょう。つまりそういうわけで、宗教の力によって不平不満の生活から脱却できる人は、人間全体の上からながめたら、比較的少数といってよいでしょう。

そしてこのような点からして、人類の歴史の上では、こうした宗教の教えによる以外に、いま一つ、人類を幸福にしようという別箇の方法が考え出されたのでありまして、それは一口にいえば、結局「政治」による解決ということであります。それというのも、われわれ人間の苦悩は種々さまざまではありますが、しかしそれらのうち最大の原因の一つは「貧乏」ということであります。頭が良くても家が貧しいために、上級学校へ行けなかったとか、金さえあれば助かったはずの病人も、金がないためにとうとう死んでしまったとか、さらには、二人の恋人同士が、結婚への最後の妨《さまた》げになったのは、一方の家が貧乏だったというようなことは、一々挙げるまでもないことでしょう。

そこからして、この世の不幸の最大の原因は、結局は貧乏であり、したがってこの貧乏を根絶させることこそ、この人の世の不幸を根絶させる一ばん根本的な対策だという考えが起きて来たわけでありますす。しかもこうした考えが生まれてきたのは、東洋ではなくて西洋だったということは、このさい注意してよいことだと思います。

ところで、このようにこの人間の社会から、「貧乏」というものを無くしなければ、人間の幸せは得られないという考えは、西洋でも近世に入ってから、色いろな思想家によって唱《とな》えられ出したのでありますす。しかしそれらの中で、もっとも有名なのはやはりマルクスであります。では、どうしてマルクスは、そんなに有名になったかと申しますと、色いろその理由は考えられましょうが、㈠第一には、その思想を書いた代表的な書物の「資本論」というものが、ひじょうに学問的な書物だということと、㈡もうひとつは、貧乏を根絶させようとするその対策が、ひじょうに徹底的なものだということ。それにもう一つ付け加えれば、㈢このマルクスの思想を実さいに応用して、かなり大きな成功をした国がこの地上に出現したということ、すなわちソ連や中共、また東欧諸国や北朝鮮などがそれでありまして、この第三の点は、マルクスの学説の中には、かなりな程度に真理性があるということの、何よりの証拠と考えられるわけであります。

わたくしは、今この限られた時間でマルクスの学説の紹介、ないし批判に立ち入ることはできかねますが、その要点ともいうべきものは、㈠社会は資本主義体制が進歩すればするほど、資本の力が働く者の利益を吸い上げてゆくということであり、㈡そしてそのような不合理を無くするには、結局労働者が団結して、その不正を根絶さす以外にその途がないという二点に要約することが出来るでありましょう。そして先ほど列挙した共産主義諸国は、これらの点について、それぞれかなりな程度に成功したものといってよいでしょう。

そこで、以上をかえりみて明らかになったことは、㈠第一の宗教によって人間を幸せにしようとする立場は、要するに人間の心を重視して、その限りない欲望を制御しようというやり方でしたが、これに反して、㈡のマルクスの唱えた途《みち》は、政治を改めることによって、物の分配を公平にしようとする立場だといえましょう。それ故それを言いかえますと、㈠の宗教の途は、人間の心に着目して、われわれ人間の際限のない欲望を制御して、足ることを知り分に安んじることによって、人びとを幸福にしようとするものであり、㈡のマルクスの主張は、物に着眼して、物の分配をできるだけ公平にすることによって、極端な貧乏を根絶し、それによって人間の不幸を政治的に根絶しようとするものといってよいでしょう。

ではこれら二つのやり方にたいして、わたくしたちは一体どのように考えたらよいでしょうか。わたくしの考えでは、これら二種の対策は、先にも申すように心と物の両面から、われわれ人間の不幸を無くして、人類を幸福にしようというのであって、どちらか一つだけで十分とは言えないと思うのであります。もちろん自分一人だけでしたら、宗教的な立場にたって、すべての物事に対して感謝できるようになりさえすれば、たしかに内面的な幸福感は得られましょう。しかしながら、それはあくまで個人的な立場でありまして、この広い世の中には、どうしてもそういう感謝の気持ちにはなりにくいという人間もいるわけであります。そこで、そういう人びとのために、いわば外側から、いわゆる政治の力によって、物の世界の公正を図《はか》ろうとする立場を無視するわけにはゆかないのであります。

しかしこのような物の側からの対策だけで、すなわち政治の力だけで、はたして人間は真に幸福になれるかというと、どうもそうは言えないようであります。それというのも、われわれ人間の欲望には際限がありませんから、AはBよりも裕福でありながら、心中不足の念を抱いているのに、Bの方がかえって心の落着きを得ているという場合も、現実にはけっして少なくないのであります。そこでどういうことになるかと申しますと、結局は、以上二つの立場、すなわち、宗教と政治という二つの立場が、互いに切りむすぶ処に、真の幸福な生き方があるのではないかと思うのであります。少なくとも、個人を越えた社会全体の上から考える時、どうしてもこれら内と外という二つの面からの努力が必要だと思うのであります。

（先生、一礼ののち静かに壇を下りられ、校長先生と一しょに退場された。）

第二十八講——生きがいのある人生

今日も道服すがたの名児耶先生がお見えになった。やがて壇上にあがって一礼されると、今日のテーマを記され、ついで次のような芭蕉の句をお書きになった。

野晒《のざらし》を心に風の沁む身かな　　芭蕉

この句も、この前にご紹介した句と同様、皆さん方には、ちょっと意味が分かりにくかろうと思います。しかしこの句は、芭蕉という人を知る上では、大事な句の一つと思われますので、入れることにしたわけです。

さてこの句を詠まれたのは、晩年の芭蕉にとっては、一つの大きな旅だった「甲子吟行」といって、江戸を出て東海道を通って名古屋に入り、そこで門人たちと会った上で、故郷の伊賀に入り、さらに京都にまで行った、かなりの長旅の出発に際して詠んだ句であります。

句の意味は、いま旅立つにあたって、自分も年老いたりとて、いつ何どき旅の途中で倒れて白骨になるかも知れない——と、かように白骨となって、道ばたにさらされた自分の姿を思い浮かべ、まるで寒い風が体中を吹き抜けるような悲壮感に打たれた感慨をよんだものであって、「野晒《のざらし》」とは、白骨となって野原にさらされるという意味であります。そこからして、またこの時の旅は、「野晒紀行」とも呼ばれているのであります。現在のように、便利な交通機関のないその頃としては、長旅に上るということは、まったく決死の覚悟が必要だったのでありまして、この句はそうした芭蕉の悲壮な決意の伺える句として、有名な句の一つであります。

以上わたくしは、先々週と先週との二回にわたって、「人間の幸福」というものは、一たいどういうものか、またそれを手に入れるには、われわれは一たいどうしたらよいか、というような問題について、色いろな角度から考えてみたのであります。しかし皆さん方としては、どうも聞いている間は、一おう分かったような気にもなりましょうが、後から考えてみると、もう一つハッキリしないという感じの人も、少なくなかろうと思います。そしてそれには、不十分ながらも一おう筋道をたどって話そうとしたせいかも知れません。

そこで、この際わたくしとしては、以上二回にわたる話の結論ともいうべきものをお話してみたいと考えるわけであります。いま端的に申して、わたくしはこの世において何が一たい幸せな生活か、それを一口で言ってみろと言われたとしたら、それは〝生き甲斐〟のある人生を送ることだと答えることでしょう。なるほどそれは、すでに申したように、すべてのものにたいして感謝のできる生活をするのも、もちろん幸せになる道でしょうし、また自分ばかりでなく、他の多くの人びとの不幸の最大原因といわれている「貧乏」を根絶するために、政治力を借りるということも、たしかに人びとを幸せにする上で、ひじょうに大事な事柄だといえましょう。しかしながら、今結論的にたった一口でいうとしたら、先ほども申したようにわたくしは、おたがい人間が、真に「生きがい」のある人生を生きることではないかと思うのであります。そしてそうなれば、特殊の宗教に入らなくても、またかくべつ政治的な活動はしなくても、一おうその人の生活は幸せといってよいでしょう。

そこでつぎに問題となるのは、とうぜん「では、われわれ人間は、一たいどうしたらそのように、〝生きがい〟のある人生が送れるようになるか」という問題でありましょう。ところが、この点について、ひとつの面白い問題があります。これは戦後二十年以上も、「幸福」について話をするさい、わたくしはいつも、「幸福というものは、これを求めようとしたらかえって得られないものであり、逆に自分の為すべきつとめを真剣にやっていれば、自然に与えられ恵まれるものだ」ということを、よく申して来たものであります。つまり幸福というものは、それ自身を追求すると、かえって得にくいものであり、かりに得られたとしても、すぐに消えてゆくものだと思うのであります。そこで、それでは一たいどうしたら幸せが得られるかと申しますと、それはその人が人間として為すべき事がらと、真剣に取り組んでいれば、しぜんと与えられるものだと思うのであります。

では、その人が人間として為すべき事がらとは、一体どういうことかと申しますと、それは、㈠その人が自分の天分を十分に発揮し実現することであり、㈡今ひとつは、「人のために親切にする」ということであります。**そしてこの二つの事と真剣に取り組んだなら、どんな人でもいつかは、自然に幸福に恵まれて、**幸せになると思うのであります。したがってわたくしは、この二カ条を人生の生き方の上から考えて、もっとも大切な根本的な二カ条だと考えるのであります。同時に、それ故にこそ、この二つの事を守りさえすれば、やがてその人は幸せになれると確信するわけであります。

ところが、ここに不思議なことは、わたくしが先に申した、「生きがいのある人生の生き方」とはどういうものかと考えますと、結局それはただ今申したように、㈠自分の天分をできるだけ十分に発揮し実現することと、㈡今ひとつは、人のために尽すという、この二カ条で一おうは十分と言えるでありましょう。しかし、考えてみれば、それは何ら不思議ではないわけです。というのもこの二カ条は、人生の生き方の最も根本的な二大原則だからであります。

それにしても、この二カ条を守ることによって、人生の生きがいが感じられるというのは何故でしょうか。それはわれわれ人間が、この世に生まれて来たのは、何かその人でなければできないような、ある使命というか任務をおびて、この世に派遣《はけん》せられたものといってよいからであります。ですから、そうした使命を果たすことにより、われわれ人間はその報《むく》いとして、おのずと「人生の生きがい」を覚えるように、つくられているのであります。近ごろでは、この点を、自分の可能性を実現するとか、自己の可能性にいどむなどと言われていますが、もちろんそれでもよいでしょう。ただこうした言い方には、どこか自己中心的な響きがあるために、皆さん方のような若い人びとには、「可能性」というほうが好まれるわけでしょう。

ところで、「われ何を為すべきか」という問題、すなわちこの自分という存在は、二度とないこの人生において、一たい何をしたらよいかという問題が分かるようになるには、かなり長い年月がかかるのが普通のようであります。むかし封建時代には、職業はすべて「世襲《せしゅう》」といって、代々親のあとをついで、同じ職業だったのであります。たとえば、親父が大工なら、子供も親父のあとをついで大工、そして孫もまた大工というような具合で、それぞれ家によって職業が決まっていたのであります。

ところが明治維新によって、このような職業の世襲制がくずれて、だれでも自分のなりたいものになれるようになったのであります。われわれ人間は、遺伝の法則では、男の子は素質的にはどうも母親似が多く、これに反して娘のほうは父親似が多いようであります。ですから父親が大工だったからといって、息子もまた大工に向いているとは、必ずしも言えないのであります。ですから明治維新によって、職業の世襲制から解放せられたということは、ひじょうな進歩であり、大改革だったわけであります。しかしながら、物事というものはすべて一長一短でありまして、一方に長所があれば、ウラ返えせば必ず短所もあるわけですから、このような職業の世襲制が無くなったということにも、多少の欠点がないわけでもないでしょう。

それはどういうことかと申しますと、自分は一たい何に適しているかということを見つけるのに、ひじょうに長い間迷って手間どるということであります。しかし手間どっても、それが見つかればマア幸せといえますが、そうゆかない場合も少なくないというわけです。それも近ごろの様子を見ますと、どうもわかい人びとは、とかく親の職業をきらう傾向がつよいようであります。たとえば、医者などという職業は、人間の生命を助ける仕事ですから、社会的にも報いられる処が多くて、なかなか恵まれた職業だと思うのですが、どうも医者の子は、がいして医者には成りたがらぬようであります。そしてこうした現象は、ひとり医者だけでなくて、どうも一般的な傾向と言ってよいようであります。

では、どうしてそういうことになるかと考えますと、やはり親の職業というものは、良いところは当然のこととして気づかず、悪い面ばかりをイヤというほど見せつけられるからでしょう。そういうわけで、職業が自由になったということは、根本的には勿論よいことですけれど、しかし他の反面には、何が自分にとって適職かということに迷う人間が多くなったということは、どうも否定できないと思うのであります。

では、どうしてわたくしが、このように職業に関して色いろというかと申しますと、人生の生きがいというものは、前にも申したように、その人が自分の仕事と真剣に取り組んで、天分を十二分に発揮し実現することと、今一つは、人のために尽すことによって得られると考えているからであります。ところが職業の選択が自由になったために、かえって何が自分の適職かを見出すのに、ひじょうに迷う傾向が見られるのであります。そしてそこから現われる一つの現象は、職業が世襲だった場合には、小さい時から親の仕事について注意して学びますし、また大きくなってからも、つねに世間の人びとから親や祖父さんと比較されますから、しぜんに自分の職業と真剣に取り組むようになりがちであります。

ところが、現在のように職業が自由になりますと、小さい時分から自分は親のあとを継《つ》がねばならぬから――という考えで、親の仕事を注意してながめたり、また大人になって親のあとを継いでからも、「親や祖父さんとくらべるとどうも見劣りがする」と、世間の人からいわれぬように――と考えて、自分の仕事と真剣に取り組むということが、薄らぐ場合もないとはいえないでしょう。しかしながら、職業の自由ということは、その人の天分を発揮する上からは、何といっても根本条件といってよいでしょう。実さい「生きがいのある人生」というコトバには、自分の個性に適した仕事と真剣に取り組むということが根本にあって、その上に、人のために尽すということも成り立つと思うのであります。

では最後に、色いろな事情からして、不幸にして自分の職業が、自己の天分を発揮するのにふさわしくないというような場合には、一たいどうしたらようでしょうか。この点については、わたくしの考えは、結局二つになるのであります。一つは、もしその人の年令がまだわかくて、自分に適した仕事の方へ切りかえることが出来るようだったら、思い切って切りかえるがよいでしょう。もっともその場合、経済的には一時苦しいかも知れません。しかしそれは当然覚悟の上でなくてはならぬでしょう。

もう一つは、年令その他色いろな事情のために、自分の適職に切りかえることがどうしても不可能な場合であって、問題は主としてこの方だといってよいでしょう。ではそうした場合、一たいどうしたらよいかというに、わたくしの考えは次のようであります。すなわち、㈠そういう場合にも、自分の仕事に対しては、少なくとも他の人びとに劣らぬだけの取り組み方をしなければならぬということ。(この点を忘れると、その人は必ず不幸になりましょう)㈡次には、その職業が自分の天分を発揮するのに適しない処からくる不満は、それを人のために尽すという方向へその情熱をふり向けること。そして、㈢第三には、何か適当な趣味を見つけてそれを楽しむこと、もっとも余り深入りしないように——ということであります。

以上が「生きがい」のある人生を送るには、一たいどうしたらよいかという問題に対する、わたくしの答案でありますが、ちょっと見ただけでは、平々凡々で、何ら魅力《みりよく》のあるものではなさそうです。しかしそれがどの程度に当たっているかどうかは、皆さん方が生涯をかけてひとつ実験して確かめて頂きたいものであります。

（先生、今日も一礼ののち静かに壇を下りられ、校長先生と一しょに退場された。）

第二十九講――行わなければ知ったといえない

今日も道服すがたの名児耶先生をお迎えできたことは喜ばしい。それというのも、先生のお話が聞けるのも、もう後一回しかないわけで、それを思うと、ほんとうに惜しいことである。先生は、いつものように壇上で一礼されたのち、今日のテーマを記され、つづいてつぎのような芭蕉の句をお書きになられた。

この道や行く人なしに秋の暮　　　　芭　蕉

この句は、数ある芭蕉の作品の中でも、人びとによく知られている有名な句ですから、みなさん方の中にも、すでにご存じの人が少なくないでしょう。ところでこの句には、はじめこれとよく似た句で、「人声やこの道かへる秋の暮」という句が考えられていたとのことです。そこで試みに、これら二つの句を並べて書いてみましょう。

人声やこの道かへる秋の暮

この道や行く人なしに秋の暮

このように並べてみますと、皆さん方でも、やはり後のほうが、はるかに深みのあることがお分かりでしょう。つまり前の句では、秋の夕方の寂しい道を帰ってゆく人声がして、それを聞いて自分も、ひとしお寂しい思いがしたという程度の浅い句でしかないわけです。

ところが、「この道や行く人なしに秋の暮」となりますと、秋の夕暮れどきを、ただ一人自分が帰ってゆく寂しさだけでなく、そこにはさらに芭蕉の打ち建てた俳句の道も、真に受けつぐような弟子は一人もなくて、この天地の間、ただひとりゆく寂寥の思いを、この一句の中にこめたわけでありまして、それが読む人の心に、無限の寂寥感を味わわせるゆえんでしょう。

さてわたくしは、これまで三回ほどかけて、「人間の幸福」とか「幸せ」という問題についてお話して来たわけであります。ところが、不思議なことに、われわれ人間というものは、このように自分の幸せを第一に考えて、これを追い求めるというやり方では、いかに努力してみても、結局それは得られぬものだということが分かったわけでありまして、この点、ひじょうに大事なことだと思うのであります。と申しますのも、戦後三十年近くもたちながら、どうもこれまでこの点が、一般にハッキリしなかったのではないかと思われるからであります。そしてそのために、わかい人たちは、口を開けばすぐに「幸福、幸福」といって求め廻っていながら、実際にどこまで幸福をつかんでいると言えるでしょうか。わたくしがこのようなことを申すのは、戦後わが国におけるわかい人たちの間に、自殺する人が如何に多いかという事ひとつをとってみましても、上に申すように、人間の幸福というものは、ただそれだけを求めたのでは、かえって得られないものであり、そうではなくて、自分の仕事に専念して打ちこむと同時に、さらに出来るだけ人に親切にすることによって、おのずから恵まれるものだということが、分かってきたわけであります。

こういうわけで、「幸福」を、この世における最上の目標として生きるということは、人生の生き方としては、どうも真実の生き方とは言えないように思うのであります。すなわち、人生の生き方としては、幸福を第一には考えないで、それよりも自分の天分の発揮に努力するとともに、少しでもよいから、人のために尽すということが、より大事だということがわかったのであります。これを言いかえますと、おたがい人間というものは、自分だけが幸福になろうとしたんでは、大して幸福にはなれないが、逆に他人を幸せにすることによって、真の幸福が得られるというわけであります。そしてこれこそ実に幸福観であり、真の意味における幸福でありましょう。そしてこの人の世の深い味わいは、こうした生き方によって、初めて与えられるのでありましょう。

　ところが、この地点まで達してみますと、われわれ人間というものは、たんに頭の中でなら、かなりリッパなことも考えることができますが、いざそれを実際に行なうという事になりますと、なかなかやれないものだということが分かり出すのであります。ところが、頭の中で色いろと考えてみましても、実地にそれをやらなかったとしたら、それはいわば夢まぼろしに過ぎないといってよいでしょう。たとえどんなにリッパなことを心の中で考えたとしても、それを実行しなければ、夢を見ていたのと、根本的にはどこが違うといえるでしょうか。

　そこで、むかしからすぐれた人びとは、その人の考えが深まってくると共に、しだいにこの点について考えるようになったのであります。つまり、どうしたらわれわれは、心の中で考えたことを実行にうつすことができるか——という問題であります。

　ところがこの点については、むかしから多くの人びとが、色いろと説を為していましたが、それらの中でも、代表的なものが二つあると思うのであります。しかもそれは、いずれも中国の大思想家でありまして、一人は朱子《しゅし》という学者であり、もう一人は王陽明《おうようめい》という学者であります。もっともこの王陽明という人は、学者とはいっても、現在の大学の先生たちとは違って、役人生活をし、時には軍人でもあったというような人でありますが、それでいて深い学問をして、独特な思想を練りあげた人であります。

では、これら二人の思想家は、わたくしが先に問題とした事がらについて、すなわち、われわれ人間は、頭の中では色いろと良いことや、リッパなことも考えるが、しかしいざ実行ということになると、なかなかその通りには行なえないものだということを、深く問題とした人でありまして、この点に対する考えが、この二人の思想家において、ひじょうに顕著なコントラストを為しているのであります。

では、それはどういうコントラストかと申しますと、朱子のほうは、われわれ人間は、まず知るということが大切であって、行なうのはそれから後になるというのでありまして、それをふつうには「先知《せんち》後行《こうこう》」の説と呼んでいるのであります。ではこの「先知後行」というのは、一体どういうことかと申しますと、つまりおたがい人間は、知らないことの実行はできないわけですから、実行するより前に、先ず知ることが大切だというのであります。おそらく皆さん方の大部分の人も、大たいこう考えていられるかと思います。いな、ひとり皆さん方のみならず、ふつうには大方の人が、こういう考え方をしていると申してよいでしょう。

ではこれに対して、王陽明という人は、どう考えたかと申しますと、われわれ人間は、いくら頭の中で良いことやリッパなことを考えても、それを実行しなければ、知らないのとまったく同じだというのであります。つまり朱子よりも王陽明のほうが、はるかに手堅いというか、むしろ手きびしいのであります。それというのも、王陽明の考えでは、いかに多くのことを知っていようと、もしその人が実行しなかったら、それは全然知らないのと同じであって、一たいどこが違うかというわけです。すなわち、人間は実行することによってのみ、初めて真に知ったと言えるというのであります。

では、知るということと、行なうということに関する、これら二つの考え方に対して、わたくし自身は一たいどう考えているかと申しますと、わたくしの考えでは、最初のうちは朱子流に先ず知ることから始めて、しかる後に行なうという考え方からスタートしても良かろうと思うのであります。ところが、そうしていますと、そのうちに次第に自分の考え方が深まってきて、心の中でいかに多くの良いことを知ったり考えたりしても、それを実行するでなければ、結局は夢まぼろしに過ぎないということが分かりかけてくるのであります。すなわち、すべてはみなその時その時に、一場の「夢」として消えて行ってしまうということが、しだいに分かりかけてくるのであります。つまり、いかに良いことやリッパなことを知ったりしゃべったり、さらには本にまで書いたりしましても、もし自分がそれを実際に行わなかったとしたら、それはまるで映画を見たり、あるいは道ぞいの理髪店の鏡に映《うつ》る人や車の像《すがた》を見ているようなもので、いずれもみな、その時その場の一瞬の夢として、消え去ってしまうという果《はか》なさが、分かりかけてくるのであります。そしてこのような人生の果なさというものが、しみじみと分かり出すようになりますと、そこからして、初めて王陽明のいうように、「もし実行しなかったら、それは全然知らないのと同じだ」という、一段と深い世界に導かれるのであります。

ついでながら、わたくしがこの様な王陽明の考えに初めて触れたのは、三十を少し越えたところでしたが、「人間は実行しない限り真に知ったとはいえない」というこの真理を突きつけられた時には、心の底から驚いたのであります。つまりそれまでのわたくしは、色いろな事がらを知っているということだけを頼みにして、得意にさえなっていたのですが、それによって、一切の物事がガラガラッと音を立てて崩れてゆくような果なさを、心の底から味わったのであります。そしてそれまで、色いろと本などを読んで知った事を頼りにしていた自分の生活が、いかに中味のない空虚なものかということを、心の底から痛感せしめられたのであります。

こういうわけで、それまで書物などを読んで得意になっていたわたくしは、「われわれ人間は実行しない限り、実は全然知らないのと同じだ」という、この王陽明の教えによって、わたくしの心の中には一種の革命が起こったのであります。つまり一種の精神革命であります。それはまるで、大地震か何かで、廃墟《はいきょ》になった大都会の片隅に一人立った人間のように、まず足もとに散らかっている崩《くず》れたレンガの破片や、コンクリートの塊《かたまり》などを片づけて、その跡へささやかながら、手づくりの掘立小屋《ほったてごや》みたいなわが家を建てにかかったわけであります。そしてそれから、「実行」「実践」というささやかなレンガを一つ一つ積んで、やっと今日に到っているのであります。

しかしわたくしは、一つ大事なことを申すのを忘れていました。それは、このようなわたくしの王陽明的な考え方は、じつは直接王陽明の書物をよんで知ったのではなくて、実はわが国の徳川時代の学者の中で、学・徳共にもっとも卓《すぐ》れているといわれる中江藤樹先生によって知らされたということであります。藤樹先生については、いずれいつかお話しする機会があろうかと思いますが、「近江聖人《おうみせいじん》」とまで呼ばれた、実にすぐれた学者でありますが、この方が実はわが国における陽明学の開祖にあたる方なのであります。では、どうしてわたくしが藤樹先生の偉大さを知ったかと申しますと、それは今は亡き先師の有間香玄幽先生から、教えて頂いたのであります。ですから、もしわたくしが先師に出逢わなかったとしたら、おそらくわたくしは、生涯この藤樹先生の偉大さを知らずに終わったことでしょう。

このように、人間の精神というものは、「人から人へ」と伝わるものでありまして、「人」を抜きにしたのでは、真にふかい生きた精神というものは、伝わらないのであります。ですから、もし皆さん方の中に、このようなわたくしのつたない話が糸口となって、将来藤樹先生の偉大さを知り、その精神の一端を受けて生きるような人が出てこられたとしたら、わたくしとしては、これに勝《まさ》るよろこびはありません。

（先生、一礼ののち、しずかに壇を下りられ、校長先生と共に退場された。）

第三十講——人間としての至高のねがい

名児耶先生のお話も今日が最後かと思うと、真に感慨無量で、みんな静まり返っている。すると先生は、一礼ののち今日のテーマと、次のような芭蕉の臨終の句をお書きになられた。

旅に病んで夢は枯野をかけ廻《めぐ》る　芭蕉

これは俳聖芭蕉の臨終の句ですから、みなさん方もみなご存じだろうと思います。その生涯を俳句の一道に賭けた芭蕉が、最後の旅のはてに、大阪の宿に病んでよんだ句として、だれ一人知らぬ人のない有名な句であります。それ故もし「芭蕉の一代の句の中で、一ばん好きな句を一句だけ挙げてごらん」といわれたら、ほとんどの人がこの句を挙げることでしょう。つまりそれほど有名な句であると共に、またそれだけ深い味わいがあるのであります。すなわちこの句の中には、いわば芭蕉という人の一生の歩みが結晶しているといえましょう。

ところが、それほど有名な句でありながら、芭蕉は初めは「旅に病んでなほかけ廻《めぐ》る夢心」と詠んだとのことであります。そしてどちらが良いと思うかと、お弟子の支考に尋ねられたというのです。もちろんこれは「夢は枯野をかけ廻《めぐ》る」のほうが良く、いな、これでないと真の落ち着きは得られないわけですが、このようなことをわたくしが申すのも、臨終に近い重病のさ中にありながら、いかに芭蕉が句の添削《てんさく》にいのちを削《けず》ったかということを、みなさん方にも知っていただきたいからであります。

今日はいよいよ、皆さん方に対するわたくしの最後のお話ということになりましたが、過ぎ去ったこの一年間の歩みをかえりみてみまして、わたくしとしても感慨なきをえないものがあります。と申しますのも、わたくし自身はすでに「不惑《ふわく》」といわれる四十の峠《とうげ》を越えているのに対して、皆さん方はまだその半ばにも達していない年ごろの方々ばかりです。しかもわたくしが皆さんに対してお話して参った事がらは、結局は、「われら如何に生きるべきか」という問題でありまして、すなわちこの二度とない人生を、わたくしたちは一体どのように生きたらよいか、ということでした。

ところが、ただ今も申すように、わたくしはすでに「人生の二等分線」を越えた人間でありますのに、みなさん方のほうは、まだその半ばにも達していない若さです。かりに人間の平均寿命を八十歳と考えるとしても、あなた方の年令は、まだその五分の一程度のところといってよいでしょう。しかしながら、すべて物事というものは、その最初が大切であります。この点がよく分かるのはランニングでありまして、とくに短距離競走のばあいなどは、最初の数秒間で、ほとんど大勢は決してしまうといってよいでしょう。

だが、物事は最初が一ばん大事だというこの真理のもっともよく伺える今一つの例は、わたくしは植物のタネ蒔きだと思います。大よそタネ蒔きなどという仕事は、咲き盛《さか》った花をながめるとか、あるいは秋の収穫などとくらべると、まったく比較にならないほどに地味な事がらであります。しかしながら、いかに見事な花の盛りも、また豊かな秋の収穫も、その一ばんの最初は、タネ蒔きから始まるわけであります。実さい植物のタネほど、一見してささやかな物はないともいえましょう。大木といえども、そのタネはといえば、ホンのささやかな物に過ぎません。しかもそれがついには、亭々《ていてい》たる巨大な大木にまで生長するのであります。

同様に現在のあなた方にしても、失礼ながらもし植物にたとえるとすれば、ちょうどタネのようなものであります。なるほどあなた方のからだは、まだ十分に大人の体格になってはいませんし、また知力のほうからいっても、まだ国民としての基礎教育の段階であって、けっして高度なものとはいえないでしょう。だがそれにも拘らず、現在皆さん方の心の中に、芽生えつつある人生の芽生えは、あなた方の将来を大きく左右するのであって、それは眼にこそ見えね、実に絶大な威力を蔵していると思うのであります。そしてそれ故にこそわたくしは、あなた方へのこのお話のご依頼を、心から喜んでお受けしたしだいであります。

しかしながら、今や過ぎ去った過去一年間の、自分の歩みをふり返ってみますと、わたくしには、どうも十分な満足感とまでは行かないものがあるのであります。いな、それは端的に申すとすれば、一種の「果なさ」の感慨といってよいかと思います。それは寂しさというよりも、やや深い感慨であります。あるいはそれは、一種の空《むな》しさというほうが、まだしも近い感慨といってよいかとも思います。

では一たい何故そのような感慨をもつのでしょうか。それと申すのも、この一年間わたくしが皆さん方にたいしてお話した事がらは、もしこれを物理的に申したら、その時その時の空気の振動として、それらの一切は、その刹那《せつな》刹那に完全に消え去ってしまったわけであります。ただ幸いにして、皆さん方の一部の方々と、先生方のお骨折りによって、わたくしがどういうことを皆さんにお話したかということの一応のアウトラインだけは、文字として残されることになったのでありまして、これはその事にあたられた方々にとっては、実に大へんなお骨折りだったろうと、心の底から感謝と恐縮の念を禁じえないのであります。

しかしそれにも拘らず、すでに先ほども申したように、「果《はか》なさ」の感慨はけっして消え去らないのであります。ではそれは一たい何故でしょうか。このように考えてみて、わたくしには、さしあたり三つの事がらが想い浮かぶのであります。では、それは一たいどのようなことでしょうか。

まず最初に考えられることは、わたくしの蒔いたタネが、大してリッパな品種のものではなかったということであります。そしてそれは、ひとえにお話した当のわたくし自身が、いっこう大した人間でないという処から来ているわけでありまして、これはかえりみてまことに恥ずかしい限りであり、かつ申しわけなく思うしだいであります。しかしながら、これは現在のわたくしとしては、一おう精一パイの努力でありまして、いかんともし得ないわけですが、しかしそれにしても、まことに申しわけない次第であります。

ところで、わたくしがみなさん方の心の中に蒔こうとしたタネは、さきにも申すように、大してリッパな品種のタネではありませんでしたが、その上に果ないない感がいたしますのは、それらのタネが、皆さん方の心の中に、はたしてどのていど根ざしを持つことができるかという疑問であります。しかしこの点の責任も、結局はわたくし自身にあると申す他ないでありましょう。何となれば、それは結局わたくしが、皆さん方の心持ちをどこまで推察することが出来たかどうか、という問題だからであります。最近新聞や雑誌などの上には、さかんに世代間の「断絶」ということが唱えられており、そしてそれにはまた、それだけの理由がないわけではないと思います。それというのも、戦後の、とくにここ数年間のわが国の生産力の急激な上昇は、わが国の社会情勢の上に激変をもたらし、しかもそれらは、自我の解放の原理に立つ戦後の教育をうけた人びとの考え方の上に、急激な変化を生じつつあるからであります。

そしてそのような急激な変化をうけつつある点では、あなた方とても、大局的には何ら例外ではないはずであります。したがってわたくしの話も、そうしたあなた方の心情に対して、十分な理解と洞察がなければならなかったはずですが、しかしその点は、かえりみて、はなはだ心もとないものがあるのでありあります。そしてその点こそ、先ほど来しばしば申すように、過ぎ去った過去一年の歩みをかえりみて、一種の「果《は》なさ」の感を禁じえないゆえんであります。

つぎに第三の、そして最後の理由としては、わたくしが過去一年間、みなさん方の心の中へ蒔いたタネのうち、はたしてそのどれほどが発芽するかという点については、まったく未知数でありますが、しかしこれもまた、以上二つの点からくる当然の帰結でありまして、わたくしとしては、それらの一切を甘んじて受けなければならぬわけであります。いな、ひとりそればかりでなくて、この世における真の結実というものは、結局は行為の他ないわけですが、それが如何にきびしいものかということは、皆さん方以上に、わたくし自身がよく心得ているわけであります。

さて終講のごあいさつとしては、以上をもって一おうは済んだとお考えになるかも知れません。しかしわたくしとしては、今や皆さん方とのお別れにのぞんで、最後の、そして最大の希いを一つ申し上げて、この講話を結ぶコトバとしたいと思うのであります。では、それはどういうことかと申しますと、なるほど前の週にも申したように、一おうわれわれ人間としては、「行なって初めて真に知った」といえるわけでありまして、いまだ行なわないかぎり、わたくしたちは真に知ったとは言えないわけであります。そしてこのことは、実に厳然《げんぜん》たる「事実」であると共に、また実に絶対の「真理」といってよいでしょう。

　しかしながら、今やお別れにのぞんでわたくしが、「最後のそして最大のねがい」として申し上げたいと思うことは、われわれ自身の行いうることは、実にささやかな、ある意味では果《はか》ないものに過ぎませんが、しかも「ねがい」としては、つねに「至高のねがい」を抱き続けたいということであります。では、どのような希いをもって、人間の至高の希いというかと申しますと、それは「この地上の人類のすべてが、真に幸福になるような時代を待ち望む」ということであります。もちろん、わたくしどもは、現実にはその幾億分の一をも、実現することは出来ないわけですが、しかしわが心中の最も奥深い処における希《ねが》いとしては、お互いにかような希いを持ちつづけたいものであります。そしてこの点については、仏教では「大無量寿経」というお経の中で、阿弥陀仏の前身といわれる法蔵菩薩《ほうぞうぼさつ》が、四十八の大願をかけて、それらの一つでも叶《かな》えられなかったら、自分は仏にはならぬといっていられるのであります。

　しかしながら、このような人類の至高の希いに対しては、「自分などはとうていそのような大した希いのもてるような人間ではない」と思われる人も少なくないでしょう。そこでそういう人びとに対しては、わたくしは次のように申したいと思うのであります。それは

「われわれ人間は、自分の周囲に一人でも不幸せな人があるかぎり、現在の自分の幸福を手放しでよろこんでいては相済《す》まない」

ということを、いつも心の底深く念じて忘れないということであります。そしてこれなら、あなた方のうちのたれ一人として——もしその人が真面目になったら——「それは自分のような者にはとても出来ないことだ」とは言えないはずだと思うのであります。なるほどわたくし自身としても、全人類がすべて幸福になるような日のくることを念じるということは、容易なことではありません。しかしながら、ただ今申したように、「自分の周囲に一人でも不幸せな人のあるかぎり、われわれは自分の幸福を手放しで喜んでいては相済まない」ということでしたら、出来ないはずはないと思うのであります。では最後に、永い間ご静聴下さったことを感謝して、これをもって一おうお別れのごあいさつとしたいと思います。

(先生、ていねいに一礼されたのち、黒板をキレイにおふきになって、静かに降壇。やがてそのお姿は、校長先生と共に消えて行った。一同ふかい感動のせいか、すぐに起ち上がるものはなかった。)

本書は昭和四十八年八月二十日に社団法人 実践人の家から刊行された『幻の講話』を新装したものです。

【著者略歴】

森 信三

明治29年9月23日、愛知県知多郡武豊町に端山家の三男として生誕。両親不縁にして、3歳の時、半田市岩滑町の森家に養子として入籍。半田小学校高等科を経て名古屋第一師範に入学。その後、小学校教師を経て、広島高等師範に入学。在学中、生涯の師・西晋一郎氏に出会う。後に京都大学哲学科に進学し、西田幾多郎先生の教えに学ぶ。大学院を経て、天王寺師範の専任教諭になり、師範本科生の修身科を担当。後に旧満州の建国大学教授として赴任。50歳で敗戦。九死に一生を得て翌年帰国。幾多の辛酸を経て、58歳で神戸大学教育学部教授に就任し、65歳まで務めた。70歳にしてかねて念願の『全集』25巻の出版刊行に着手。同時に神戸海星女子学院大学教授に迎えられる。77歳長男の急逝を機に、独居自炊の生活に入る。80歳にして『全一学』5部作の執筆に没頭。86歳の時脳血栓のため入院し、以後療養を続ける。89歳にして『続全集』8巻の完結。平成4年11月21日、97歳で逝去。「国民教育の師父」と謳われ、現在も多くの人々に感化を与え続けている（年齢は数え年）。著書に『修身教授録』『人生二度なし』『森信三一日一語』『森信三訓言集』『１０代のための人間学』『父親のための人間学』『家庭教育の心得２１』（いずれも致知出版社）など多数。

幻の講話
第一巻「人生二度なし」

平成二十九年十二月二十五日第一刷発行
令和三年十一月三十日第二刷発行

著者 森 信三
発行者 藤尾 秀昭
発行所 致知出版社
〒150-0001 東京都渋谷区神宮前四の二十四の九
TEL（〇三）三七九六—二一一一
装幀 川上成夫
印刷・製本 中央精版印刷
落丁・乱丁はお取替え致します。 （検印廃止）
※分売不可

2017 Printed in Japan
ISBN978-4-8009-1166-7 C0095

ホームページ　https://www.chichi.co.jp
Eメール　books@chichi.co.jp

いつの時代にも、仕事にも人生にも真剣に取り組んでいる人はいる。
そういう人たちの心の糧になる雑誌を創ろう——

『致知』の創刊理念です。

私たちも推薦します

稲盛和夫氏　京セラ名誉会長
我が国に有力な経営誌は数々ありますが、その中でも人の心に焦点をあてた編集方針を貫いておられる『致知』は際だっています。

鍵山秀三郎氏　イエローハット創業者
ひたすら美点凝視と真人発掘という高い志を貫いてきた『致知』に、心から声援を送ります。

中條高徳氏　アサヒビール名誉顧問
『致知』の読者は一種のプライドを持っている。これは創刊以来、創る人も読む人も汗を流して営々と築いてきたものである。

渡部昇一氏　上智大学名誉教授
修養によって自分を磨き、自分を高めることが尊いことだ、また大切なことなのだ、という立場を守り、その考え方を広めようとする『致知』に心からなる敬意を捧げます。

武田双雲氏　書道家
『致知』の好きなところは、まず、オンリーワンなところです。編集方針が一貫していて、本当に日本をよくしようと思っている本気度が伝わってくる。“人間”を感じる雑誌。

致知出版社の人間力メルマガ（無料）　人間力メルマガ　で　検索
あなたをやる気にする言葉や、感動のエピソードが毎日届きます。